高效战略领导

让你的战略变为现实

［英］约翰·阿代尔（John Adair）——著

霍亚迪——译

浙江人民出版社

First published 2010 by Macmillan an imprint of Pan Macmillan, a division of Macmillan Publishers International Limited

浙江省版权局
著作权合同登记章
图字：11-2020-068

图书在版编目（CIP）数据

高效战略领导 ：让你的战略变为现实 /（英）约翰·阿代尔著 ； 霍亚迪译. -- 杭州 ： 浙江人民出版社， 2024. 11. -- ISBN 978-7-213-11535-6

Ⅰ．C933

中国国家版本馆CIP数据核字第20249XF710号

高效战略领导：让你的战略变为现实

Gaoxiao Zhanlüe LingDao: Rang ni de Zhanlüe Bianwei Xianshi

[英]约翰·阿代尔　著　霍亚迪　译

出版发行：浙江人民出版社（杭州市环城北路177号　邮编　310006）
　　　　　市场部电话：(0571)85061682　85176516
责任编辑：胡佳佳　尚　婧
营销编辑：顾　颖　杨　悦
责任校对：杨　帆
责任印务：幸天骄
封面设计：厉　琳
电脑制版：杭州兴邦电子印务有限公司
印　　刷：杭州富春印务有限公司
开　　本：880毫米×1230毫米　1/32　　印　张：7
字　　数：125千字　　　　　　　　　　插　页：2
版　　次：2024年11月第1版　　　　　　印　次：2024年11月第1次印刷
书　　号：ISBN 978-7-213-11535-6
定　　价：58.00元

如发现印装质量问题，影响阅读，请与市场部联系调换。

约翰·阿代尔
John Adair

国际公认的领导学权威

约翰·阿代尔是世界上关于领导力和领导力发展的领军权威之一,被誉为"欧洲的彼得·德鲁克"。

约翰为巴克莱银行、劳埃德TSB银行、英美烟草公司、杜邦公司、英国皇家空军、英国奥林匹克委员会等机构提供管理咨询服务,他是许多企业、政府部门、非政府组织的管理顾问。全球超过100万名经理人参与了他倡导的以行动为主的领导模式(Action-Centred Leadership)项目,他的理念和方法启发和激励了整整一代的管理者。

约翰出版过50多部著作,其中包括畅销书《不是老板而是领导者》(*Not Bosses But Leaders*)、《约翰·阿代尔领导力词典》(*The John Adair Lexicon of Leadership*)、《鼓舞人心的领导》(*The Inspirational Leader*)、《如何培养领导者》(*How to Grow Leaders*)以及EFFECTIVE系列等。

目录

前　言 / i

概　述 / i

第一部分：什么是战略领导力

01 世界上最早的思想 / 2

02 战略领导力的军事根源 / 30

03 什么是领导力？ / 54

04 战略领导者的职责 / 81

第二部分：引领方向

05 前一百天 / 110

06 打造顶层团队 / 119

07 制定正确的战略 / 143

08 变革组织文化 / 170

09 抽出时间关注个人 / 186

结　论 / 213

前言

EFFECTIVE STRATEGIC LEADERSHIP

FOREWORD

感谢你阅读本书。在全面修改本书的第二版时，我想起了撰写第一版过程中体会到的乐趣。所以，我希望你不仅可以从本书中受益，还能享受到阅读的乐趣。

一本书成功与否，出版商会根据销量来判断，学术界则会根据同行在期刊或大会上的引用次数来判断。这两种标准对我来说都没有意义。本书对你来说是否成功，与它的目的直接相关——使你成为更加高效的战略领导者。在这个共同的事业上，我们是合作伙伴，但承担各自的职责。

你的职责最为繁重，因为你要亲自开展战略领导。我的作用是激发思考，提供一些经过充分检验的框架，帮助你开启领导之旅。如果你偶尔回看本书的内容，找到新的灵感和希望，那么本书的目的就实现了。

约翰·阿代尔

概述

EFFECTIVE STRATEGIC LEADERSHIP

INTRODUCTION

> 登顶的路有很多，但山顶的景色永远是相同的。
>
> ——谚语

世界各地有一个广泛的共识：工商业、公共事业、政府机构或志愿服务行业都缺乏真正高效的战略领导者，至少在数量上无法满足需求。这是一个全球现象。

战略领导者本质上是一个组织的领导者。高效的战略领导者是指能够在变革时期满足组织需求的人。

本书的目标读者是有志成为高效战略领导者的人。你可能是一家组织的领导，或知道自己即将被提拔到这个位置，抑或清楚你的职业道路将朝着这个方向发展。

但任何人都可以从本书中受益！大型组织中往往有，或者应该有一支战略领导小组，由组织领导者管理。显然，小组成员越了解战略领导力的原则和实践，他们就越能有效地为领导者的工作提供支持和帮助。

但不要将本书的对象局限于大中型组织的工作人员。书中包含的知识和观点，特别是战略思考方面的内容也适合小型组织人员，以及我本人所代表的从事非结构化工作的人。正如罗马剧作家普劳图斯（Plautus）所说："我是我自己的指挥官。"如今，我们每个人都要成为自己的战略领导者。

在前面带路并不容易，不管是为组织还是为你自己。希望本书可以帮助你做好应对挑战的准备，并让你乐在其中。

本书的框架一目了然。第一部分介绍并探索战略领导力的来源和基础——据我所知尚无先例。第二部分介绍成为高效的战略领导者应做好哪些工作，包含五个关键点。

战略领导力（"引领你的一生"）是一个普遍性的概念，与每个人息息相关；但这个概念非常新颖，所以我担心本书会被归到管理学一类——至少一开始有可能会这样。然而，书中一些内容也适合各级院校用来帮助年轻人进入职场。

与本系列丛书中的其他作品一样，我在本书中也提供了大量案例和实践，用于证明书中提出的原则。你可以跳过文本框中的内容，或者在读第二遍时重新回顾。每一章最后总结的要点可以辅助记忆，但我偶尔也会添加一个新的观点，不要错过它！我还列出了任务清单，你在阅读的过程中也可以自行思考和解答问题，将我提出的观点与你面临的实际情况结合起来。

　　为了最大限度地利用本书，你需要拓展相关性范围。我们通常会在自己从事的领域（例如商业或教育）中寻找例证，认为这些才是相关的。但是将乐队指挥或希腊将军与企业领导者、学校领导者作比较，这才是我所说的拓展了相关性范围。这些人遵循着相同的创意思维原则——将两个或两个以上明显不相关的事物碰撞产生火花，从而得到新的创意。

　　根据我的猜测，战略领导力中隐藏着一种一致性，无论你从事哪个领域，或者是否属于某个组织。如果你以高效战略领导者为研究对象，我希望在本书的启发下，你将在他们身上找到更多的相似之处。你也可以以他们为榜样，尽可能地借鉴更多经验，将自己打造为战略领导者。

第一部分
什么是战略领导力

01

世界上最早的思想

> 持着火炬的人要将火炬传给其他人。
>
> ——柏拉图（Plato）

　　语言有的时候像坚果，将它们敲开，你就会看到内核。以"战略"一词为例，英文中的"战略"（strategy）一词由两个希腊语单词组成。第一个是"stratos"，指的是派出的军队，或一大批人。第二个是"egy"，在希腊语中是动词，意为"引领"。另外，"egy"这个希腊语单词还可以衍生出另一个英文单词——"hegemony"，意为"霸权"，即一个或多个国家针对其他国家实行的领导力。

　　当时只有斯巴达与雅典才宣称自己是希腊城邦霸主。在公元前500年左右，雅典军队中一位高级指挥官成了"strategos"，也就是军队领导者，或者将军。"strategos"的字面意思是对整体负责的人或物体。将军便是对整个军队

01 世界上最早的思想

及各个部分负责的人。

在公元前5世纪的雅典公民军队中,有10个较大的编队是由城中古老的部落成员组成的。后来,雅典的编队都由所谓的职业军人来领导,但是在早期,这10个编队的将军由公民选举产生。对于野心勃勃的雅典年轻人来说,被选中成为将军是政治生涯中重要的一步。雅典伟大的执政官,包括特米斯托克利(Themistocles)和伯里克利(Pericles)都是通过这种方式上位的。选举是一道门槛,如何让选民为自己投票呢?有一个人似乎认真思考过这个问题,他就是苏格拉底(Socrates)。

■ 思想家苏格拉底

在我们的印象中,苏格拉底是个年迈的老人,但他在雅典声名鹊起时只有35岁。那时,他至少在3场战役中充当重装步兵,并且已经锋芒毕露。的确,他在战场上表现出的英勇无畏使他成了一个传奇。例如,天赋异禀但性格倔强的将军亚西比得(Alcibiades)告诉我们,在爱琴海北岸的一场突袭中,他身负重伤,且被敌军所困,是苏格拉底救了他。他还提到这位朋友在冬天凛冽的寒风中表现出极大的忍耐力,只穿一件薄薄的衣裳,赤脚走在雪地上。

一小部分年轻人被苏格拉底非凡的智慧和人格所吸引，像飞蛾聚集在灯周围一样围在他身边。"苏格拉底派"的一位代表便是柏拉图。他在提及自己的老师时说道："在当时我们遇到的所有人中，他是最为睿智、公正和优秀的。"他们从苏格拉底身上看到了什么？已步入中年的苏格拉底具有与众不同的气场。据称，他的头部像萨蒂尔［Satyr，希腊神话中的森林之神，与酒神狄俄尼索斯（Dionysius）和牧神潘（Pan）结伴而行，在希腊彩绘瓶上经常被描绘为半羊半人］，鼻子上翘，鼻孔宽大，眼睛突出，嘴唇较厚。还有一些文献记载他挺着大大的肚子，穿着破烂的衣裳，赤着脚走路，但有些跛脚。这就是大家口中的思想家。

身为石匠之子，苏格拉底经常将医生、皮革商贩、金属工匠的技能与一个人生命中更大范围的职责，甚至生命本身作比较。众所周知，所有实用技能都可以通过认真研究、教育甚至必要的经验获得。苏格拉底始终难以理解，为什么更高尚或更困难的技能——例如政治领导力、治国能力和执法能力没有得到相同的对待。相反，他发现，这些工作都交给了假装内行的人［例如柏拉图在《理想国》（The Republic）中描绘的"智者"色拉叙马霍斯（Thrasymachus），擅于蛊惑人心的政客、皮革商贩克里昂（Cleon），以及喜剧作家阿里斯托芬（Aristophanes）和历史学家修昔底德（Thucydides）所描绘的其他同类人］。

01 世界上最早的思想

苏格拉底本人从未写过书。关于他的信息主要来自两个圈内人——柏拉图和色诺芬（Xenophon）的作品。两人的作品都以苏格拉底的对话呈现，所以很难判断我们听到的声音是来自苏格拉底本人还是柏拉图或色诺芬。但所谓的"领导力情境理论"——在任何情境下，人们都倾向于追随知道该做什么并掌握方法的领导者——在两个人的作品中都有所体现，并且都归功于他们的老师。我们可以合理地推测，这个说法应追溯到苏格拉底本人。两个人都举过舰长和水手的例子。柏拉图在《理想国》中写道：

> 水手们围绕着谁掌舵争吵了起来……他们不明白，真正的航海家必须认真研究一年四季、天空、星星和风向，并掌握所有相关技能，只有这样才有资格掌舵。他们也不知道，掌握了知识和技能的航海家接受过培训并加以练习后，便有机会掌舵，即使他们感到不满也无济于事。

苏格拉底通过承认自己知识有限来鼓励他人，他会在讨论中将问题想清楚。由此，他会引领所有人踏上思想之旅。最后，人们会找出人类必备的知识或技能。苏格拉底是一位哲学家，他相信知识即美德、美德即知识，这种知识让人知道什么时候是善，以及如何追求善。对于柏拉图来说，这场思想旅行使他在苏格拉底感兴趣的生活与工作等实际问题的基础上更进一步深入探索抽象的思想领域——哲学范畴,并永远打上了他的烙印。但苏格拉底的另一位学生色诺芬走上了一条不同的路。

■ 案例:年轻的骑兵指挥官

据色诺芬称,有一天,苏格拉底与一位新当选的骑兵指挥官展开了讨论。由于色诺芬本人担任过这个职务,所以他描述的很可能是自己第一次见到这位思想家时的情景。

在苏格拉底的询问下,年轻人承认自己追求指挥官的职位并不是因为他想带头冲锋,正如苏格拉底所指出的,骑兵弓箭手在战斗中会冲在指挥官前面;也不是为了让所有人都认识自己——他承认疯子也能做到这一点。经苏格拉底的指点,他表示自己要让雅典骑兵比刚接手时更出色。色诺芬是位知名的马术专家,撰写过一本关于骑兵指挥官的教科书,因此深知如何实现这一目标。例如,年轻的指挥官必须提高坐骑的质量,还要培训新招募的马匹和士兵,并教骑兵一些作战方法。在讨论的过程中,这些要点逐渐清晰起来。

"你有没有考虑过如何让别人服从你的命令?"苏格拉底问道,"如果没有这些马和人,你再骁勇善战都没有用。"

01 世界上最早的思想

"是的,但是怎样才能有效地鼓励他们服从我呢,苏格拉底?"年轻人问道。

"我想你应该知道,在任何情况下,人们只愿意服从在他们看来是最优秀的人。因此,生病时,人们最听医生的话;在船上,人们听船长的话;在农场里,人们听农民的话。这些人在大家看来是业务水平最高的。"

"是的,当然。"年轻人说。

"那么在骑马这块,最擅长马术的人最有可能获得他人的服从。"

色诺芬在这里提到了苏格拉底关于领导力的教学中一个非常独特的主题。与苏格拉底的其他学说相一致,它强调了知识对于领导力的重要性。人们只甘心服从那些他们认为在特定情境中比自己更有才华或学识的人。

■ 案例:雄心勃勃的将军

苏格拉底身边一位年轻的雅典人宣布自己要参加本城邦军队将军的年度选举。有一位刚刚来到雅典、正在宣传"指挥作战"课程的巡回老师,叫作狄奥尼索多斯(Dionysodorus),苏格拉底鼓励这位年轻人去听他讲课。年轻人回来后,苏格拉底和朋友们与他开起了善意的玩笑。

"先生们，你们有没有发现，"苏格拉底说，"我们的朋友学习了如何成为将军之后，更加'威严'了？正如学会弹奏竖琴的人即使不弹奏也会被称为竖琴演奏家，学习医学的人即使不给人看病也是医生，所以哪怕没有一个人投票给我们的朋友，他也将永远是将军。但即使现在所有人都为无知者投票，他既不会成为将军也不会成为医生。"他转向年轻的雅典人继续说道："为了使我们中任何一个可能在你的麾下的人对战争有更清楚的了解，请告诉我们你在关于领导力的第一堂课上学到了什么。"

"第一堂课跟最后一堂课差不多，"年轻人回答，"他教了我一些战术，仅此而已。"

"但这仅仅是指挥作战的一小部分。"苏格拉底回答道。接下来，他通过一系列提问引领这位年轻人对成功的军事领导所需的知识和能力有了更全面的了解。将军必须精于管理，为军队争取足够的军事设施和物资。此外，色诺芬根据自己的经验了解到，将军还应具备多种个人素质和技能。

> 他必须足智多谋、积极活跃、处事谨慎、吃苦耐劳而且思维灵活；他必须既温柔又残酷，既直截了当又精于设计，既谨慎又能出其不意，富足且贪婪，慷慨且吝啬，擅长防守和进攻。作为将军，他还要具备多种其他素质，这些素质有些是天生的，还有一些是在后天培养的。

01 世界上最早的思想

即使在最重要的战术问题上,苏格拉底也发现,狄奥尼索多斯给这位年轻朋友的指导并不充分。狄奥尼索多斯是不是没有告诉他应在何处如何使用哪种军事阵型,以及面对不同的战争形势时,应该何时修改部署和战术?年轻人给出了肯定的回答。"那你就要回去找他了,"苏格拉底说,"如果狄奥尼索多斯知道这些问题的答案,而且有良心的话,他会因为让你一无所获而感到羞愧。"

在这场对话中,色诺芬介绍了如何培养战略领导力。

苏格拉底帮助年轻的听众们克服了狄奥尼索多斯一类人教给他们的观点存在的局限性,并形成了战略领导力的概念。苏格拉底的想法可以大概理解为:阻止你成为好的领导者的首要原因在于你没有掌握真正的战略领导力概念。如果你能看见真相,就很难克制自己不去追求它。虽然雅典或希腊其他城邦都没有商业学校,但有的是四处奔走、收大笔钱向人群讲述指挥作战或幸福学与成功学等主题的人。这些所谓的"智者"都很聪明,有些人更聪明一些,他们精明干练、反应敏捷、讲话有理有据,但缺少实质内容。苏格拉底和其他哲学家认为这种人很肤浅且唯利是图(苏格拉底从不收取任何费用)。

以狄奥尼索多斯为代表的智者们往往不知道自己在说什么。当汉尼拔(Hannibal,据称是历史上最伟大的十大将军之一)最终遭到流放时,收留了他的安条克大帝(Antiochus)

带他去听了专攻军事领导力的一位年纪较大的智者的讲座。"好吧，你觉得怎么样？"讲座结束后，安条克大帝问道。汉尼拔用仅剩的一只眼睛看着他，用一贯平白简练但不乏幽默的语言回答道："我以前听过不少愚蠢的演讲，但这个人尤为离谱。"

■ 案例：尼科马基德斯（Nicomachides）

苏格拉底看到尼科马基德斯从选举中回来，便问他："谁当选为将军了？"

"难道不像雅典人吗？"他回答，"自从入伍以来，我一直很努力，还多次在战争中受伤，但他们还是没有选择我。"（他展示着自己的伤疤。）"他们选择了安提西尼（Antisthenes），他从来没在军队中服过役，也不算是出色的骑兵，他除了赚钱，什么都不懂。"

苏格拉底说："这难道不能证明他有能力为战士们获得物资吗？"

"为什么，"尼科马基德斯反驳说，"商人有能力赚钱，但这不意味着他们适合统领军队！"

苏格拉底回答说："但是安提西尼也渴望胜利，这是个优点。他在担任指挥时，他的合唱团总能获胜。"

01 世界上最早的思想

"这个没错，"尼科马基德斯承认道，"但管理唱诗班和管理军队之间没有可比性。"

苏格拉底说："但是你看，虽然安提西尼对音乐和唱诗班的训练一无所知，但他证明自己有能力在这些活动中找到最出色的专业人员。因此，如果他能发现并任用最擅长作战的人，就像在唱诗班的训练中一样，他很可能也会在这方面取得胜利；而且与赢得部落中的合唱比赛相比，他可能会更愿意花钱去赢得与整个国家的战斗。"

"苏格拉底，你是想说，在合唱中能取得成功的人也会带领军队获胜吗？"

"我的意思是，无论一个人做什么，只要他知道自己想要什么并能够得到它，无论是管理合唱团、庄园、城市还是军队，他都会成功。"

"说真的，苏格拉底，"尼科马基德斯大声叫道，"我永远都想不到你会认为好商人也能成为好将军！"

通过耐心地引导，苏格拉底终于让尼科马基德斯认同成功的商人和将军拥有类似的领导力。苏格拉底提出了六项具体的能力：

◎ 选贤任能

◎ 奖罚分明

◎ 赢得手下人的尊重

◎ 吸引盟友和帮手

◎ 维护自己的成果

◎ 吃苦耐劳

"这些能力对两者都适用，"尼科马基德斯表示同意，"但战斗不是。"

"可是商人和军人都能找到对手吧？"

"是的，没错。"

"打败对手难道不重要吗？"

"这点毋庸置疑，但是你没有说清楚商业才能如何有助于打仗。"

"这才是最有帮助的地方，"苏格拉底总结道，"对于一位优秀的商人来说，在战场上能收获的最大利益便是胜利，而最无利可图，甚至成本高昂的结果是失败，所以他会凭借自己的知识积极探索和避开导致失败的因素，在自己足够强大的时候给敌人致命一击，而在自己尚未准备好时避免交战。"

听了苏格拉底的一番话，尼科马基德斯流露出惊讶的表情。苏格拉底的教诲（人们只愿意跟随在特定环境中拥有相关知识权威的领导者）在雅典一定广为人知。

此外，这个城市的商人社会地位较低。来自雅典上层家庭的年轻男性会在军事和政治领域谋求职位，但不愿意经

01 世界上最早的思想

商。当然,在工业革命之前,工商业的规模较小,领导力的范围也相应受到限制。相比之下,在近代以前,陆军和海军一直是人类共同事业中地位最高的。例如,在18世纪中叶,英国皇家海军是西欧最大的产业。

苏格拉底挑战了这种历史上长期存在的轻商主义思想。"不要轻视商人,尼科马基德斯,"谈话接近尾声时,他说,"因为私人事务与公共事务在管理上的唯一区别仅仅在于规模。在其他方面,两者非常相似,尤其是它们都离不开人,从事私人和公共事务的人没有差别。那些负责公共事务的人在处理私人事务时也要雇用同一批人;知道如何管理他们的人会同时在两个领域成为成功的领导者,而不善用人的人在哪里都会失败。"

■ 权威属于知识丰富的人

苏格拉底明确指出,专业或技术能力应该是承担领导职责的前提条件。在这方面,色诺芬和柏拉图所做的不仅仅是传递了火炬。"你一定已经注意到了,"苏格拉底对另一个人说,"如果一个人自己能力不足,他就无法对竖琴演奏家、唱诗班歌手和舞者,甚至摔跤手行使权威。每一个有资格管理他们的人都掌握了相关领域的技能。"

高效战略领导： EFFECTIVE STRATEGIC LEADERSHIP
让你的战略变为现实

苏格拉底观察到，在危机时期，人们更加倾向于跟随思维清晰的领导者。在希腊的一支军队逼近雅典时，苏格拉底与著名政治家之子伯里克利进行了讨论。其间苏格拉底提出，与安定和繁荣的时期相比，这种危机更合高效领导者的口味，因为他们在危机中更容易取得成就。他以水手的行为来阐释这一点。

自信会滋生粗心、懈怠和叛逆；恐惧可以让人更专注和顺从，且更遵守纪律。水手的行为就是很好的证明。我认为，他们一旦无所畏惧，就不会服从管教；但是面对暴风雨或敌方攻击时，他们不仅会执行所有命令，而且会安静地等待指令。

苏格拉底虽然有过参军的经历（这种经历一定让他有机会从雅典军队排列密集的官级中观察他所效忠过的各级军官存在的长处和短处），但他以哲学家和老师的身份，在更广泛的层面上进行讨论。色诺芬很快成为军队指挥官，并遇到过真正的危机。苏格拉底的观点在实战中得到了检验和打磨。

显然，色诺芬没有接受苏格拉底的建议，而是加入了一支希腊雇佣军。这支军队是波斯王子小居鲁士（Cyrus the Younger）为了从哥哥阿尔塔薛西斯二世（Artaxerxes Ⅱ）

01 世界上最早的思想

手上夺取王位而组建的。

公元前401年,在距离古巴比伦不远的库那克萨发生了一场决定性的战役。当天有一万零四百名希腊重装步兵英勇参战,而最终小居鲁士不仅输掉了战争,还失去了生命。

库那克萨战役结束后,波斯人表示,如果对方留在原地,就接受他们的投降;但如果对方离开军营,他们将杀掉所有人。在这场危机中,领头的是6名希腊将军中最有经验的克利尔库斯(Clearchus),他扛起了做决定的重任。

他表示自己愿意代表希腊军队与波斯使节谈判,但没有把具体想法透露给任何人。日落以后,他将军官们召集起来开会,简要介绍了两种选择,并告诉他们需要做什么。他们必须转移到北边八百英里外的黑海沿岸的安全地带,当天晚上就要启程。色诺芬在《长征记》(*The Persian Expedition*)一书中提到,每个人都认为,只有克利尔库斯才能带领他们逃脱致命的危险。

> 将军和上尉接到指令后立刻行动起来。从那时起,克利尔库斯负责指挥,其他人都成为他的下属。这不是选举的结果,而是因为他们意识到这个人有指挥官的头脑,而其他人则缺乏经验。

有知识和经验就够了吗？

不过，拥有处理具体情况（包括一般的工作问题或危机时期的特殊情况）的相关知识和经验，这就是领导力的全部内容吗？

色诺芬知道，事实并非如此。他根据在军队中密切观察的结果，对赢得下属和同事自愿服从的领导者和通过恐吓手段逼迫他人服从，或者利用知识权威让人勉强接受自己的领导者作出了区分。

在库那克萨战役中力挽狂澜的将军克利尔库斯属于后者。我们在军事历史上可以找到很多类似的人。罗马军队依赖像他这样的人。这种类型的军官在后来的部队中屡次出现，如腓特烈大帝（Frederick the Great）时代的普鲁士军队，乔治亚（Georgian）国王统治时期的英国皇家海军。

克利尔库斯去世时大约50岁。他一生的大部分时间都在战争中度过，在艰苦的环境中积累了丰富的专业经验。但是色诺芬指出，克利尔库斯从未得到过人心。没有人因为友谊或对他的好感而追随他。色诺芬继续说道：

> 他作为士兵的卓越品质表现在以下方面：他喜欢冒险，不论白天黑夜，随时准备对敌人发动进攻。并且

01 世界上最早的思想

当情况危急时,他总能保持镇定,让身边的人心服口服。据说,他具有这一类型的军官可以具有的一切领导才能。

他拥有出色的规划能力,能为军队获得补给,也能给身边的人留下一个必须服从他的印象。他非常威严。他的表情严肃,声音低沉。他会采用严厉的惩罚手段,有时因为愤怒而惩罚别人,因此有几次甚至为自己所做的事感到抱歉。在他看来,惩罚是个原则性的问题,因为他相信一支没有纪律的军队一无是处。据传,他曾说过,与敌人相比,士兵必须更害怕自己的指挥官,只有这样他们才能认真站岗,不会伤害自己人,还能毫无顾虑地投入战斗。

一方面,在艰难的处境中,士兵们对他充满了信心,而且找不出比他更称职的人。在这些情况下,他们认为他那严肃的表情令人愉悦,他的威严在敌人面前是一剂强心针,因此对他们来说不是威慑力,而是给了他们安全感。另一方面,当局势不再危险,并且有机会追随别人时,许多人都抛弃了他,因为他强硬且野蛮。

我们很容易得出这样的结论:尽管克利尔库斯作为士兵能力出众,而且擅于规划和管理,但他不是伟大的领导者。如今,人们提到军事将领往往会产生负面情绪,一个原因在于他们以为所有的将领都与克利尔库斯如出一辙。事实并非如此。色诺芬提出的最后一点是，克利尔库斯对待士兵们就像一个教育家，这很有启示性。希腊人相信自己是地球上最聪明的人，并为此感到自豪。他们也坚定地秉持着平等和民主的传统。他们不喜欢受欺负，也不希望被当作孩子来看待。

在库那克萨战役之后不久，由于被叛徒出卖，克利尔库斯和其他五名希腊将军被波斯人杀害，当时26岁的色诺芬被选为继任者。聆听过苏格拉底关于领导力的教诲后，色诺芬将呈现出怎样的领导风格？他一定认真思考过这个问题。显然，他不想成为另一个克利尔库斯，也不想在相反的方向上，也就是追求人气和显得软弱方面犯错误。色诺芬告诉我们，另一名被处死的将军——普罗克塞努斯（Proxenus）就属于后者。当初正是他邀请色诺芬参加波斯远征，所以两人很可能是朋友。普罗克塞努斯是一个非常有野心的年轻人，他花重金请了一位叫高尔吉亚（Georgias）的名师为他讲课。"与老师接触了一段时间后，"色诺芬写道，"他得出结论，认为自己具备了指挥军队的能力，而且如果与伟大的人成为朋友，当他们帮助自己时，自己可以给予至少同样多的回报。因此，他参加了小居鲁士安排的这次冒险，期待从中获得好名声、权力和金钱。"然而即使有野心，普罗克塞努斯也清楚地表明，他想以公平和荣耀的方式得到这一切，否

01 世界上最早的思想

则什么都不要。他享受被人仰慕的感觉,这导致他看起来过于软弱,而且盲目追求好名声,因此犯下了错误。

> 他是一个有绅士风度的好指挥官,但无法让士兵对他产生尊重或畏惧。的确,与下属面对他时相比,他面对士兵时更加羞怯;而且很明显,与士兵担心违背他的命令相比,他更害怕自己不受欢迎。他以为要成为优秀的将领并因此获得好名声,仅仅奖赏表现出色的人就够了。结果,随行的正派之人都喜欢他,但不遵守纪律的人认为他很容易摆布,因此动摇了他的地位。他去世时大约30岁。

可以说,普罗克塞努斯不适合担任军事职务,也不会与士兵培养正确的关系。但或许他在非军事领域也同样不擅于领导。他的性格在一定程度上导致他不够强硬或严厉,因此失去了别人的尊重。而如果没有尊重,领导力就会受到致命的伤害。一个软弱的领导者会遭到无良下属的剥削。在人类从事的任何领域,这类糟糕的领导者都尤为相似。

西方世界最伟大的领导力老师——苏格拉底的学生色诺芬向我们展示了他对领导力的理解。

高效战略领导： EFFECTIVE STRATEGIC LEADERSHIP
让你的战略变为现实

■ 行动中的领导者

想象你正处于伊拉克和土耳其的边界的南部边境，坐在阳光充足、铺满石子的山坡上，看着眼前的景致。现在大约是正午，天空一片蔚蓝，只有远处的山顶上有几丝白云，一动不动地挂在那里。希腊的先锋部队正沿着山脚行进。炽热的阳光照在长矛、头盔和铠甲上，折射出刺眼的光。他们急匆匆地前进，渴望尽快抵达山中的安全地带，甩掉后方像猎狗一样穷追不舍的波斯骑兵。但是首先，他们必须面对好战的当地人。在山口的另一端，你可以看到当地部落的大批人马已经占领了峭壁旁的一处低地，把控着交通要道。希腊的先锋部队也发现了他们，于是停了下来。你可以看到，经过一番周旋，一个信使跑了回来。几分钟后，一个骑兵（正是色诺芬本人）奔向先锋部队的指挥官——经验丰富的斯巴达人彻里索弗斯（Chirisophus）。色诺芬告诉他，他没能调来增援的轻装部队，因为后卫部队本身也在不断遭受到攻击。然后他仔细研究了地形。他注意到当地人忽略了山上的制高点，于是将自己的计划告诉这位斯巴达战友。

"彻里索弗斯，我们最好的选择是全速冲上山顶。如果我们能够占领那里，那些把控要道的人就失去了优

01 世界上最早的思想

势。如果你愿意,可以跟大部队留在这里。我会去探探路。或者你上山,我留在这里。"

"你来选吧,"彻里索弗斯回答,"随你。"

色诺芬说,这将耗费巨大的体力,并合理地指出,年轻力壮的自己是完成这项任务的最佳人选。他选出了约四百名配有瞄准镜和轻标枪的突击兵,又从先锋部队中精挑细选出一百名长矛手,率领他们尽快赶往山顶。当敌人洞察到希腊人的行动时,挑选出的希腊士兵也开始以最快的速度冲向最高点。

当时叫喊声很激烈,一边是希腊军队为自己的士兵欢呼,另一边是提萨菲尼斯(Tissaphernes)的手下为自己人鼓劲。色诺芬骑着马沿着队伍奔跑,敦促他们前进。"将士们,"他说,"我们是在为希腊而战,为妻儿而战,现在只需要付出一点努力,接下来的路将是一片坦途。"

索特利达斯(Soteridas)说:"我们不在同一个水平上,色诺芬。你骑着马,而我带着盾牌走路,已经筋疲力尽了。"

色诺芬虽然可以将这个人抓起来,晚些时候再惩罚他,但他没有采取这种做法。他以第三人称的口吻告诉我们接下来发生的事情。

> 色诺芬听到这句话，从马上跳了下来，将索特利达斯推出队列，拿起他的盾牌，快速朝前走去。他身披铠甲，所以同样是负重前行。他不断鼓励前方的人继续前进，喊着后边的人跟上，尽管他自己也走得很吃力。然而，其他士兵纷纷咒骂索特利达斯，向他扔石块，逼他拿回自己的盾牌继续走。色诺芬重新骑上马，继续带路。到了无法骑行的地方，他把马留在身后，徒步向前。最终，他们抢在敌人前面登顶了。

请注意，在这里是其他士兵羞辱了索特利达斯，并要求他拿回盾牌。尽管色诺芬背负着沉重的铠甲，在士兵冲上山坡时落在队伍后边，但他一直在鼓励士兵继续前进，并提醒他们保持战斗状态。最终，他重新上马，在前方带队，然后又徒步前进。

希腊人登顶后，当地人转身向各个方向逃窜。之前在一旁围观的提萨菲尼斯及其手下的波斯骑兵也调转马头撤走了。

接下来，彻里索弗斯率领的先锋部队穿过山脉，抵达一片肥沃的平原。他们在那里休整了一下，准备面对冰雪覆盖的亚美尼亚高地的严寒。最终在第二年的夏天,军队抵达了达达尼尔海峡的安全地带。这一切要归功于色诺芬。不久之后,他成了希腊唯一的军队指挥官。

读完这个故事,你可以发现,色诺芬承担起了领导职责。他能够以身作则,这是领导力案例中的普遍原则或主题。当人们面临困境或危险时,这一点尤其重要:他们期望领导者与自己共同承担风险和压力,或者至少表现出这样做的意愿。

色诺芬应对当地人的突袭体现了领导力的另一个重要原则:领导者擅于鼓励他人。领导者能够提振士气,给予他人新的勇气来采取共同行动。色诺芬用言行给希腊士兵注入了新的信心和决心。他用自己的勇敢行为激励了他们。

■ 管理庄园的领导者

远征结束后,色诺芬继续担任军队指挥官。他似乎爱上了领兵打仗。雅典动乱时,苏格拉底在法庭上被判自尽,色诺芬选择与他敬佩的斯巴达人一起被流放。在生命的最后一刻,他才回到家乡雅典,那时他已经发表了十六部著作,被誉为古代最高产的作家之一。他涉猎的领域包括当代史、狩猎和马术、政治体制研究和面向青少年的教育材料等。亚历山大（Alexander）大帝和汉尼拔将军都读过色诺芬关于领导力的作品，并从中获益。以恺撒大帝（Julius Caesar）和西塞罗（Cicero）为代表的罗马人尤其欣赏他。

在斯巴达军队中服役多年后，色诺芬收到了位于奥林匹斯山附近的一个大庄园作为奖励，他和家人搬到了那里生活。它不仅是一个私人庄园，还是一家营利的企业。色诺芬用希腊语撰写的《家政论》（Oeconomicus）是世界上第一部深入探讨庄园管理相关法律或知识的作品。希腊语中的"家政"（Oeconomicus）一词可以衍生为英语的"economy"，意为"经济"。另外，英语中的"manage"（管理）一词也从管理马匹的含义逐渐发展而来。英国伊丽莎白女王一世（Queen Elizabeth Ⅰ）统治时期，开设的第一家伦敦管理学院招收的"学生"是一群马和骑手。色诺芬的《马术》（On Horsemanship）是现存的以权威专家视角撰写的有关这一主题最早的完整作品。

对于现代经济学的起源——会计账目的管理，色诺芬几乎没有提及，但他对于庄园管理者（如果他是一名出色的领导者）如何影响庄园里的劳动者的精神面貌这一问题产生了浓厚的兴趣。在他看来，农田里的领导者与战场上的领导者有着明显的共同点：他从自己作为科学家的视角来看，两者都会给人带来积极的影响。色诺芬写道：

01 世界上最早的思想

没有人可以成为优秀的农民，除非他能让手下的劳动者积极且顺从地劳作；率领将士抗击敌人的军官也要奖励英勇之人、处罚不遵守命令的人，从而获得同样的结果。就像将军不断给士兵打气一样，农民也要经常为手下人鼓劲。奴隶跟自由人一样，为了让他们埋头工作，就要给他们一些希望。

他指出，位高权重之人往往缺乏与农业、政治或战争相关的一般领导力。色诺芬以他那时的希腊军舰为例，当时舰上划桨的都是自由人，而不是奴隶。

如果军舰处于公海上，划桨之人必须整日划个不停才能迅速抵达港口，因此领头人要不断激励他们，保证他们卖力地干活。其他水手则较为笨拙，要花费两倍以上的时间才能走完相同的航程。一边，划桨者满身汗水，与领头人互相道贺；而在另一边，水手们身上干爽，却与上级互相怨恨。

色诺芬又回顾了他认识的将军们，他们在这方面也存在很大差别。

一些将军的手下人不愿工作和冒险，也不愿服从命令，除非他逼迫他们，而这些人为敢于违抗命令而自豪：没错，而且当某些可耻的事情发生时，他们并不感到羞耻。才华横溢、英勇无畏、能力出众的领导者则相反：让他们接管同样的军队，或者管理其他人，会有什么结果？士兵会为作出可耻的行为而羞愧，愿意服从命令并为此感到自豪，行动时充满了干劲。随着每个士兵产生行动的热情，整支队伍也将自发地产生动力和雄心，他们不会只在指挥官监视下才埋头苦干。最优秀的领导者会让手下保持这种状态——他不需要最擅长使用弓箭和标枪，不需要骑着最好的马，不需要在危险的时候冲在最前面，也不必成为完美的骑兵，但可以让士兵们心甘情愿地与他一道冲锋陷阵。因此，在私营企业中，能够使手下保持敏锐、勤奋和坚韧的领导者可以帮助企业实现发展和盈利。

领导能力是与生俱来的，还是后天培养的？

对于色诺芬而言，这种领导力是"任何需要人力劳动的活动中最伟大的东西"。如果领导者的知识权威是后天培养的，那么他们是否天生具有激励他人的能力？我们很容易得出肯定的结论。在危险、恐惧或困难面前赋予人们智力或道

01 世界上最早的思想

德力量,让他们敢于冒险或坚持,这是一种天赋,并非每个人都有。但是色诺芬相信,至少其中最基本的原则可以通过学习获得,例如苏格拉底对他的教导。

"注意,我并没有说这种能力可以通过一次学习便获得,"他在《家政论》的结尾写道,"相反,要获得这些能力,人们需要接受教育。"他继续道:天生的潜力是最重要的,对于一些人来说,领导力更像是神赐给他们的天赋。这种赢得他人自愿服从的能力看起来似乎是天生的,但并不完全是这样。真正受益的人是全心全意追求智慧的人。这正好印证了苏格拉底的观点。

■ 本章要点:世界上最早的思想

本章以色诺芬为例,介绍了世界上有关战略领导力的最早的思想。色诺芬将战略领导力看作是一种可转移的技能,并首次提出了它的主要原则。虽然很多人天生具备领导力——有些人甚至更有天赋,但最优秀的领导者一定是通过汲取经验和接受教育进一步提高了领导能力。色诺芬给我们留下了宝贵的遗产。

● 领导者要处于他人之上。如果你自己做不到,就不要对别人发号施令。

● 领导者必须在技术或专业方面有所擅长，了解自己的业务。这是赢得尊重和信任的首要条件。权威属于知识丰富的人。

● 领导者要与下属共同承担风险、困难和危险。罗马历史学家李维（Livy）在介绍罗马最大的敌人——汉尼拔将军时写道："人们经常看见他裹着战袍与哨兵和前线士兵们躺在一起。"领导者要以身作则。

● 领导者要在困难时期激励下属，表达对他们的信心，坚信他们有能力跨越面前的障碍。你可以用鼓励或支持的话语提振士气。

● 领导者会提醒人们为什么要工作和奋斗——当然，是为了自己、家人和战友，但也是为了实现自我超越。

● 领导者必须坚定且公正地维护必要的秩序。你如果不够强势，就无法赢得所有人的尊重。

● 领导者必须表现得谦逊，能体会别人的感受，与他人同喜忧。在力所能及的情况下，给有需要的团队成员提供实实在在的帮助。

● 最重要的是，领导者必须在正确的时间和地点及时出现。永远不要低估你的存在能产生的积极影响。

01 世界上最早的思想

如果对于分配给别人的任务，领导者能够展示出高水平的执行力，那么手下人就不太可能轻视他。

——色诺芬

02
战略领导力的军事根源

> 他是领导者中的领导者。
> ——奥维德《拟情书》(Ovid, Heroides)

"你知道管理者从什么时候开始讨论'战略'这一概念吗？"管理学顾问彼得·德鲁克（Peter Drucker）在我们共同主持的一场研讨会上问道。

"我猜应该是……我也不知道，"我回答道，"什么时候？"

"1964年，我向美国出版公司提交了一本书，"他说，"我给它取名为《战略管理》(Management Strategy)。对方坚持要我修改书名，他们认为'战略'是军事术语，企业高管可能无法理解，或者认为它与企业管理毫无关系。所以这本书最后的名称变成了《成果管理》(Management for Results)。"

"你最早提出'战略'这个概念是出于什么原因呢？"

02 战略领导力的军事根源

我问他。

"我认为它最早是由罗伯特·麦克纳马拉(Robert McNamara)在肯尼迪(Kennedy)执政时期提出的,"德鲁克回答道,"麦克纳马拉从国防部长变成了福特汽车公司总裁。"

实际上,当时已经有一些作品将"战略"一词应用于商业环境,比较有名的包括艾尔弗雷德·钱德勒(Alfred D. Chandler)的《战略和结构:美国工业企业的历史篇章》(*Strategy and Structure: Chapters in the History of American Industrial Enterprise*)和伊戈尔·安索夫(Igor Ansoff)的《公司战略》(*Corporate Strategy*)。但据我所知,我是第一个在20世纪80年代提出战略领导力概念的人,它现在已经广泛传播开来。

我们看到,战略的最初含义就是战略领导力——担任最高指挥官的能力。因此,早期的商业巨头们不经意间犯了与狄奥尼索多斯一样的错误,这不是他们的错。他们以偏概全,并以一种刻板的教学方法传授给别人。

"回归本源"是文艺复兴时期的学者托马斯·里纳克尔(Thomas Linacre)的座右铭。他是一位出色的医生,也是英国皇家内科医师协会的创始成员。为了理解战略领导力的概念,我们需要在错综复杂的军事历史中探索它的根源,最早可以追溯到2500年前的色诺芬时代。只有通过这种途径,我们才能彻底根除现代的战略领导者观念中存在的错误想法。

■ 过度强调战略

在色诺芬所处的时代，战斗技巧只是战略的一部分，不能代表全部。因此，行动战略也仅仅是总指挥官所有职责中的一项内容。到了后来，有些人开始错误地认为制定行动战略是将军的最主要职责，由此造成的结果便是过度强调战略思维的重要性。

"我来，我见，我征服。"尤利乌斯·恺撒用这几个词简要概括了高卢之战。他不是第一个为自己的战斗撰写回忆录的将军（色诺芬也写过），肯定也不是最后一个。但是他与所有后来者一样，几乎没有提及战略或者自己作为战略思想家的功德。

用狭义的"战略"来解释军事中的战略领导力或指挥作战能力，这种行为产生于20世纪。而矛盾的是，在这一时期，通信技术的革命逐渐限制了指挥官的行动自由。

军事领域的"战略"受现实情况所限，含义较为简单。它通常是很多人共同的思想成果。现代的指挥官，例如蒙哥马利（Montgomery）在为自己写回忆录时，如果他们以自我为中心，就会夸大自己在战略制定中的作用，同时贬低其

02 战略领导力的军事根源

他人的贡献,包括上级、战友或前任指挥官等。

■ 指挥作战的技巧

从历史上看,制定战略(包括战略思维和规划)在总指挥官(典型的战略领导者)的职责中不应超过一半。战争如摔跤或下棋,下一步的选择是有限的。智力达到或超过平均水平、擅于指挥作战并且在其他指挥官手下学习过的将军可以轻松地想到每种可能性。

■ 惠灵顿(Wellington)的教训

18世纪后期的英国军队专业能力不足,还缺少培训和资源、完善的指挥控制和管理体系,以及保持忠诚的传统。惠灵顿从约克(York)公爵在1794—1795年于荷兰经历的惨败中亲眼见证了这一点。他曾说:"我从我们自己的失误中,从荷兰那场战役中明显看出了军队体系的缺陷。"他后来说:"我学到了要有所不为,这一点很重要。"在接下来的二十年里,他先后在印度和伊比利亚半岛打造了充满信心和成就感的军队,并足以与拿破仑(Napoleon)的军队相匹敌，且最终打败了他。

战略思想非常简单，其中一个主要思想是集中兵力。这里隐含的一个原则是在关键的时间和地点集中优势兵力，在其他时候可精简。没有人能随时随地保持强大，要想在最重要的时间和地点将关键实力发挥出来，就不能在无关紧要的地方浪费精力和资源。

另一个基本的战略思想是"出其不意"。希腊人提倡在战争中使用诡计或手段，从而蒙骗敌方，使其措手不及、甘拜下风。他们称将军为"strategema"，衍生为英文中的"strategia"，意为"计谋"。"出其不意"总能推动战争的进展，对敌人产生毁灭性的影响，至少在心理上它的特征包括严格保密，获得及时的情报，具有欺骗性和隐秘性，行事大胆和动作迅速。时机最为关键。它可能难以在战略层面实现，但需要在行动和团队层面完成。"出其不意"本身不能确保胜利，但它是取胜的一个要素。

战略始终是一个简单的东西，偶尔可以使用一些手段作为辅助。正如卡尔·冯·克劳塞维茨（Carl von Clausewitz）所说："在战争中，最重要的是做简单的事，而最难的也是做简单的事。"克服这些与战略相去甚远的困难才是指挥官的其他核心职责。战略只是将军在战场上应完成的一份答卷，接下来的3份答卷同样重要。

02 战略领导力的军事根源

■ 鼓舞士气

你如何培养和维持军队的总体士气？如何让受到挫折的士兵重拾信心？如何让他们产生获胜的意愿？

为了完成这份答卷，艾森豪威尔（Eisenhower）将军参加了关于战略领导力的"速成班"。1943年，他出任盟军总司令，负责指挥军队登陆北非，当时他还没有直接的作战经验。经验丰富的隆美尔（Rommel）带领德国军队重挫了美军。艾森豪威尔大为失望。但他得到了最重要的一个教训——最高指挥官可以向下传递乐观情绪，但消极情绪传播得更快。他发现，领导者的一个关键职责是渲染积极的情绪，提升手下人的自信心。他后来说道："我深信，我的言行举止永远传达着积极而坚定的情绪。如果指挥官不够乐观，胜利就难以保证。"

"士气"是一个人或一支团队面对自己的职责或任务时表现出的精神或情感态度。它来自法语中的"moral"一词，结尾加上"e"是为了发音上的重读。古罗马哲学家西塞罗根据希腊语中的"ethikos"发明了拉丁语的"moral"，用来形容人的性格特征。

自信、希望、热忱、意愿，这些都是士气的表现。它们与股市一样，也会上下波动。这些情绪的变化有时细微到不

高效战略领导： *EFFECTIVE STRATEGIC LEADERSHIP*
让你的战略变为现实

易觉察，有时会下降得很明显。战略领导者必须能够与业务人员和团队负责人一道，打造和维持高水平的士气。

士气具有非常高的战略地位，体现了团队成员对于整体目标的认同感。它与法语中的"esprit de corps"意思比较接近，是指一种能够激发工作热情、使成员能全心投入和具有强烈集体荣誉感的团队精神。共同的目标是团队或组织集中精力的方向。如果这种精力逐渐消失，组织效率也会随之下降。

军事领域始终认同领导力和士气之间的动态关系。自1830年以来，"士气"一词便出现在英语中，用于形容士兵们的精神状态或行为，包括信心、前进的意愿和逆境中的自我约束。这个概念一直被看作是取胜（或造成失败）的要素，而且在克劳塞维茨提出的"战争的原则"中，"保持士气"排在第二位，仅次于"制定和坚持目标"。

军事行动的成功与否不仅依赖于参与行动的人数以及装备的数量和质量，还取决于士气，所以高涨的士气可以说是所有对抗行动（从全面战争到维和行动）中最重要的因素。

士气的基本内容是对于共同任务的精神和情感态度。这里的信心是对胜利、成功或成就的信心，因此失败或挫折容易打击士气。士气只能通过成功本身，或者对最终胜利的期待来提升。改善食物、办公条件或收入水平只能对士气产生一瞬间的影响。金钱或物质无法买来精神上的满足。

02 战略领导力的军事根源

■ 打持久战

军队的管理是指在行动的各个阶段维持军队状态。法语对作战人员和装备、武器与消耗品等的含义进行了区分，但英语中的"管理"一词的含义包含所有方面。

"后勤"指的是采购、维护和运输军事物资、管理设备与人员的科学方法。如今，它还包含详细地制定和执行计划与行动方案的意思。如果不根据作战或行动目标提供后勤支持，任何计划都不可能成功。因此，战略领导者必须在自己的职责范围内管理与计划相关的后勤工作。有限的资源应在战略层面进行调配，后勤安排必须灵活，要以最经济的方式应对计划的改变。

伟大的军事指挥官都是优秀的后勤管理者，不仅是因为后勤工作直接影响着战斗结果（最勇猛的战士也离不开武器），还因为糟糕的后勤管理会降低士气。军队规模逐渐扩大，构成变得更加复杂，因此对后勤管理水平的要求也更高。"你要懂数学，"拿破仑对追随他的古尔戈（Gourgaud）将军（后来为拿破仑撰写了回忆录）说，"它能在上千种不同的情形中纠正思维错误。或许我的成功离不开我的数学思想，将军绝对不能凭空想象，这是最糟糕的行为。"

拿破仑的计算习惯（利用数学算法作出判断）也应用到

了军事行动中。"我习惯于提前三到四个月做规划，而且会计算出最坏的情形，"他对长兄约瑟夫（Joseph）说，"在战斗中，一切成就都离不开计算。任何没有经过详细规划的东西都不会带来任何成果。"拿破仑不是一个听天由命的人。

作为年轻的炮兵军官，拿破仑不仅凭借数学能力制定了科学的目标和计算获胜的概率，还让他成为一名出色的后勤管理者。他的大脑像计算机一样运转。他曾对古尔戈说："我身上的一个奇特之处在于我的记忆力。我年轻时能背下来对数的三四十位，还能记住所有法国军官的名字，以及所有部队征兵和取得胜利的地点。"

拿破仑惊人的记忆力和对细节的绝佳掌握能力（大多与后勤管理有关）使他从众多人员中脱颖而出。他经常在写给将军们的信中严令他们认真管理自己的手下。

> 我的军队能保持良好的状态，是因为我每天会抽出一到两个小时的时间与他们沟通。每个月，当收到军队或舰船发回来的情报（足有二十大本）时，我会将其他工作放在一边，仔细阅读，并比对每个月之间的差别。我非常乐在其中，就像年轻的女子从读小说中获得乐趣一样。

拿破仑会用批判性的眼光审视后勤工作的所有细节。他

02 战略领导力的军事根源

坚持认为:"确定军事的方向(制定战略)仅仅是将军的一半职责。"将军的职责很大一部分在于保持军队的士气,包括团队精神和战斗热情。拿破仑无疑是个人领导力这一层面的大师。他的出现本身就可以转变军中士兵的情绪。惠灵顿将军说过:"谈到拿破仑时,我经常说,他只要出现在战场上就能改变四万名将士的状态。"

将军的另一半职责是对军事机器的运转有非常详细的了解。拿破仑将机器的每日运营管理工作分配给手下的多名军官。其中最优秀的是贝尔蒂埃(Berthier)元帅,他缺席滑铁卢之战无疑是拿破仑最后失败的原因之一。拿破仑对军事行动的所有细节,包括一切后勤工作有极大的兴趣。曾经有人问拿破仑,为什么过了这么多年,他仍然能记起编队的人数和军官的名字,他回答道:"这好比一位情圣在回忆旧情人。"

组织和管理两项工作密不可分。前者的主要目的是建立一个责任框架,确保相关人员履行职责。后者要确保这个框架有效运转,因此要为相关人员清理前方道路上的障碍。这些障碍可能是物质、人力或组织层面的,但都属于管理对象。

案例：蒙哥马利

1942年8月13日，在阿拉曼战役前两个月，蒙哥马利接管了第八集团军。他在日记中写道："气氛忧郁而沉闷。"那天晚上，他向第八集团军的全体人员发表讲话，大约有五六十名军官。因为他刚刚才升任第四军指挥官，所以军官们对他表示怀疑。这些经验丰富的军官们不相信这位来自英国的新任将军能够帮助他们扭转最近的一系列败局。蒙哥马利知道，要重新恢复低落的士气，他必须在当晚赢得他们的信任和爱戴。

蒙哥马利站在前任将军的营帐台阶上，等所有人在沙地上坐下。他没有准备演讲稿，而是看着面前的听众。他说：

> 我首先要进行自我介绍。你们不认识我，我也不认识你们。但是我们要一起战斗，所以必须相互了解、彼此信任。我几小时前刚刚上任。但是从我到达以来的所见所闻来看，我要告诉大家，我对你们充满信心。我们将作为一个团队，共同努力为这支伟大军队提振士气，并在非洲取得最终胜利。
>
> 我认为，指挥官的首要职责在于创造"氛围"，在这种氛围中，所有战士、指挥官将一起生活、工作和

02 战略领导力的军事根源

战斗。

　　我不喜欢这里目前的氛围。这里充满了怀疑，大家都在寻找下一个撤离点，对于打败隆美尔毫无信心，甚至采取了绝望的防御措施，在开罗和三角洲找好了地点。这一切必须停下来。我们需要有一种新的氛围……我们将在这里继续战斗，即使战斗到死，也要死在这里。

　　我想让所有人知道，糟糕的日子已经过去了。英国新增派的部队已经抵达埃及，并为目前的部队提供了大量增援。有三四百辆新的坦克就快到了，实际上，它们正在苏伊士运河卸载。首相交给我们的任务是消灭北非的轴心国部队，命令内容写在了半页纸上，我看到了。我们一定会完成任务。如果你们当中有人认为实现不了，请立即离开，我不想在队伍中看到任何持怀疑态度的人。我们能够，也终将完成任务，这一点毋庸置疑……

　　我要做的是向你们传递一种氛围，我们将在其中工作和战斗。你们要确保这一氛围渗透到第八集团军，且一直影响到基层士兵。所有士兵都必须了解作战目标，一旦实现目标，军队将获得极大的信心。

　　请大家相信我，也相信我所说的将会成为现实。

　　我们要做的有很多。我命令你们不得撤退，彻底改变原来的作战计划,另外,我们要开始为发动大规模进攻做好准备……

"要记住一点,"蒙哥马利在这场著名的就职讲话中总结道,"我们将一举歼灭隆美尔的军队。这会非常容易,毋庸置疑。他是我们的眼中钉,所以我们要给他致命的一击。"

蒙哥马利走下台阶时,军官们立马站起来。"现场一片寂静,人们都能听见针掉在地上的声音,"蒙哥马利回忆道,"但这肯定产生了深远的影响,而且当天晚上,人们心中也出现了希望。"参谋长德甘冈(De Guingand)将军表示同意:"这是他最伟大的成就之一,"他写道,"这次演讲的效果简直太棒了!那天晚上,我们所有人都怀着新的希望入睡,并对军队的未来充满了信心。我真希望有人将这场演讲速记下来,它一定会成为经典。"幸运的是,有人将演讲内容速记下来并保存了多年,1981年首次出现在印刷作品中。

■ 合　作

在滑铁卢战役中打败拿破仑的不是惠灵顿,而是英国和

02 战略领导力的军事根源

普鲁士联军。大多数成功的军事行动都由多方联合开展,包括陆海空三军、政府当局和盟军。这些合作离不开良好的信誉、共同的目标和对各方优势与劣势的了解。战略领导者的一项职责在于缔结盟约,并保证同盟关系进展顺利。

结盟各国的利益或许不同,但他们有着共同的目标,而且要维持同盟的健康发展,战略领导者必须具备非凡的政治才能。在18世纪早期对抗法国的战争中,马尔博罗(Marlborough)公爵对于英荷同盟关系的处理堪称典范。但有些指挥官在某些方面没能交上令人满意的答卷。例如,蒙哥马利作为盟军最高指挥官未能与美国盟军总司令艾森豪威尔将军和谐共处。用他自己的话说,他的忍耐已经达到了极限。相反,亚历山大和斯利姆(Slim)两位将军都极为擅长与盟军建立强大的关系。

这并不容易。1948年,斯利姆给一群管理者做了有关领导力的演讲,事后有人问他,这与部队工会谈判有什么相似之处(对于在雇主和工会劳动者与管理者之间划分明确界限的英国行业来说,这是个至关重要的问题),斯利姆以结盟关系作类比,说道:

> 我没有接触过工会,但有很多与盟军打交道的经验。俄国人、法国人、美国人、伊拉克人、叙利亚人,天知道我都经历了什么!这些人简直令人恼火。你可以

尝试与俄国将军谈判,看看是什么感觉!但我一直告诉自己,我也是一位"盟友",所以便能客观地看待这一切。

他最后说:"让工会领导者知道你们站在同一边,是有着共同目标的盟友。"

政　治

一般来说,进入到领导力的战略层面意味着你突然或不经意地进入了政治领域。这体现了另一个更为宽泛的原则,即区分不同层面领导力的要素是复杂性。

擅于将军事中的复杂事物简单化,并不意味着有能力处理政治领域的复杂性。我们在前面看到,与盟军有效合作的前提是了解各方不同的政治目标和手段(包括外交手段)。民主国家的军官往往期待本国的政治领导人具备类似的政治素养、理解力和手段。政治家并不一定能赢得全球的爱戴,但他们在民主国家享有至高无上的地位,军队效忠于自己选出的政府并对他们提供保护。此外,正如普鲁士军事历史学家《战争论》(*On War*)的作者卡尔·冯·克劳塞维茨指出(但并非他原创),战争永远不是目的,而是实现政治目标

02 战略领导力的军事根源

的手段,这要求军事指挥官必须与政治领导人保持一致。用克劳塞维茨的话说,后者才是最终的裁决者。

与所有类型的人际关系一样,军事指挥官和政治领导人之间的合作也基于相互信任和尊重。它的前提是良好的沟通。沟通越顺畅,信任就越牢固,反过来又会进一步促进沟通。正如一句话所说:"翅膀依附于鸟儿,但要带它飞翔。"

在第二次世界大战期间,韦维尔(Wavell)和奥金莱克(Auchinleck)等英军将领由于不善言辞而被丘吉尔(Churchill)免去了职务。他们不是会屈尊推销自己的人。两人都因骁勇善战而闻名。韦维尔将军在其他场合非常善于沟通——他在圣安德鲁斯大学发表过关于领导力的演讲,还写过一本书——《论指挥作战》(*On Generalship*)。但他没能完成一份关于现代军事战略领导力的答卷:他面对丘吉尔时似乎紧张得说不出话,因此没能主动与丘吉尔沟通,从而建立信任。

但有些将军做到了。艾森豪威尔在这方面很有天赋。作为盟军总司令,他与丘吉尔建立了密切的工作关系,两人都信任对方在各自领域的领导才能。

> 丘吉尔去世时,全球人民自发地对这个伟大而尊贵的人表达自己的尊重和爱戴。还不止如此,他们还借此机会赞颂了他的领导才能。全球各地都对领导力赋予

了极高的价值,而在丘吉尔身上,人们看到了领导力的所有特征完美地结合在一起,这提升和激发了全人类的精神。

我始终怀疑我们身边一直存在具备领导力的人,但只有经历危机时,这些人才会出现。我经历过的动荡时期造就了大量伟大的领导者,我有幸认识其中的很多人。

以上是艾森豪威尔发表的题为"什么是领导力?"一文中的开场语。我们可以发现,艾森豪威尔有卓越的天赋,能与性格迥异的指挥官们建立密切的合作关系,例如美军参谋长马歇尔(Marshall)将军。

很难找到比马歇尔将军和丘吉尔的性格差异更大的两个人。马歇尔不喜交际,甚至为人粗鲁莽撞。我从未听说有人把他当作亲密的朋友。丘吉尔为人友好、外向,非常幽默。他愿意与人交往,也能赢得他人的喜爱。但两个人有着相同的内在特征,使他们成了伟大的领导者。

相互喜欢是不够的,还要相互尊重。政治领导者要精通各种战略问题,不仅仅是因为他在战争期间要根据专业的建

02 战略领导力的军事根源

议与指挥官一道作出重大决策。朝鲜战争期间的美军最高指挥官麦克阿瑟（MacArthur）将军无视杜鲁门（Truman）总统的特权，结果被撤了职。

杜鲁门总统在第一次世界大战期间曾任前线炮兵军官，而他的前任富兰克林·罗斯福（Franklin D.Roosevelt）总统没有作战经验。罗斯福小时候患有疾病，只能坐在轮椅上。但艾森豪威尔对他的战略才能和果断的执行力十分钦佩。

> 我对罗斯福总统的了解可能不及对其他国家领导人的了解，但在几次会议上，我对他的号召力和他对于整个战争形势的透彻把握印象非常深刻。他能与将军和司令平等地讨论战略问题。他对战场地形的了解极为全面，那些偏远国家中人迹罕至的地点都准确地标在他脑中的地图上。罗斯福总统不仅具有人格魅力，同时作为国家首脑，他在国际战略布局上也做足了功课。

所有的战略领导者都要在复杂的政治形势中开辟道路。一些官员（负责领导大型政府部门的战略领导者，例如地方政府的顶层官员）需要与当选的政治领导人直接打交道。他们需要借助艾森豪威尔的才能来开拓共同事业，建立专业而友好的合作关系。同时，政治领导人还要学会如何成为领导者——像丘吉尔和罗斯福一样，通过对形势有着战略性的把握而得到他人尊重。谁负责培训全球各地的高层官员，让他们成为高效的战略领导者呢？解决了这个问题，全世界就会前进一大步。

■ 关于指挥作战

从参谋长的视角观察军队的总司令是件有趣的事。从定义上看，参谋长与总司令密切合作，两人的职责也是互补的，他们的关系就像一对夫妻。的确，参谋长的某些职责与婚姻中的女方相似，当不好伺候的另一半作出不利于婚姻关系和谐的行为时，她要站出来维护这段关系。蒙哥马利很幸运，他身边的参谋长是个有着外交天赋的人。

1946年，44岁的德甘冈爵士结束军旅生涯。他从阿拉曼战役到欧洲战争结束期间一直担任蒙哥马利的参谋长，而蒙哥马利升任总参谋长后，却没有遵守之前的承诺，将德甘冈提拔为自己的副手。

德甘冈在自传《从铜帽到礼帽》（*From Brass Hat to Bowler Hat*）中讲述了导致自己退役的事件，以及自己如何从杰出的参谋长发展成为一名实业家。他的经历固然有趣，但这本书的更大贡献在于，作者从自身经历出发，介绍了奥金莱

02 战略领导力的军事根源

克、蒙哥马利和艾森豪威尔的性格特征,以及三人之间的关系。

德甘冈对盟军的胜利的最大贡献或许是阻止了蒙哥马利和艾森豪威尔关系的破裂,在效忠于一人的同时,与另一人维持着友谊。关于奥金莱克,他写道:

> 蒙哥马利憎恶他。这实在很可惜,因为奥金莱克对于英军在沙漠中的最终胜利的贡献是毋庸置疑的。隆美尔发动反攻时,奥金莱克亲自上阵指挥,扭转了局势,为成功保卫阿拉姆哈勒法奠定了基础。

德甘冈毕生与艾森豪威尔和蒙哥马利保持着密切的关系,并调解了所谓的"回忆录之争"。他写道:"与战争期间一样,我仍然在调解艾森豪威尔和蒙哥马利之间的冲突,这可不轻松。他们几乎在所有方面截然不同,但都是不可多得的天才。"

他补充道:"蒙哥马利毫不具备艾森豪威尔的宏大视野、明显的谦卑或高贵。但在你死我活的战斗中,他能将一支庞大的业余部队调教得逐渐赶超敌方训练有素的精锐部队,这是谁也比不上的。"

在更早发表的《运筹帷幄》(*Operation Victory*)一书中,德甘冈提出了实现成功指挥的"六个要点",适用于军事和其他各领域的战略领导者。将军必须：

◎ 透彻了解自己的职责
◎ 为部队所熟知和认可
◎ 确保部队能承担力所能及的任务，成功离不开互相信任，缺乏信任终将造成失败
◎ 确保下级指挥官在执行任务时尽量不受干扰
◎ 当面指挥
◎ 实现人文关怀，认真研究人的要素

德甘冈继续说道："在战争期间，我有很多次试图分析'大人物'的特点，下面是我总结出的几点内容。"

◎ 要学会置身事外，避免过于关注细节
◎ 要擅于选贤任能
◎ 要信任手下人，不要干涉他们的工作
◎ 要制定明确的决策
◎ 要擅于感召他人
◎ 不能华而不实

有位企业领导者读到这几点后对我说："任何优秀的企业总裁或执行官都要具备这些素质。更重要的是，董事会在

02 战略领导力的军事根源

选举企业管理者时也要参考这几点。"

下级军官和士兵要在参谋长的带领下尽量多地开展详细的规划、后勤和管理工作,让总司令有更多时间来思考、领导和监督整个行动——包括与盟军和政治领导人建立合作关系。每个杰出的总司令背后都有一位优秀的参谋长。如果没有贝尔蒂埃,拿破仑会怎么样?看看滑铁卢战役,你就明白了!

■ 战略领导者的职责

托马斯·卡莱尔(Thomas Carlyle)在1843年写道:"各行各业的领导者相当于全球军队的指挥官。"尽管色诺芬早就探讨过战争和商业之间的关系,但直到19世纪工业(以铁路为主)崛起,商业领导者才与伟大的军事将领——包括惠灵顿、拿破仑、格兰特(Grant)和罗伯特·李(Robert E. Lee)等人相提并论。罗伯特·李将军成了美国第一家商学院的院长,这或许有代表性意义。安德鲁·卡耐基(Andrew Carnegie)和约翰·洛克菲勒(John D. Rockefeller)等人创建的组织在规模和资源上使军队相形见绌,他们难道不是后工业化革命的总司令吗?

战略领导力已经深深根植于军事传统,我们能否将它栽种到更广泛的职能领域中？

我将这个问题留给你们去思考。在我看来，回答它的方式不是直接从军事领域转移到民用领域，作出一定的修改或调整。我们最好更加激进一些，深挖所有表象或具体行业的共同根基——领导力。

■ 本章要点：战略领导力的军事根源

● "战略"是一个军事术语，近些年才应用到其他领域。它在军事领域外具有了一层比较新的含义，与"战术"相对应。

● 实际上，"战略"一词的现代含义非常狭隘。它指的是对一大群人或一支大规模部队的领导。在19世纪大型工业企业出现之前的三千多年中，军队始终是最大规模的组织形式，因此我们不难理解战略领导力的概念最初仅仅与总司令的职责有关。

● 现代人往往倾向于将战略领导力理解为制定战略，这是对这个概念的误解。如果你认真研究高效的军事领导者，就会发现制定战略只是他们职责的一小部分。

● 军官每天大部分时间都用于后勤管理——确保军队能打持久战。随着军队管理体系日渐成熟，很多后勤管理工

02 战略领导力的军事根源

作都可以分派下去。但分派工作不等于放弃权力。持久的战斗力极为重要，总司令必须时刻关注这一点。

◉ 认真研究领导力的人很快就能发现不同领域领导力之间的相似之处。领导级别越高，领导力就越相似。

◉ 这表明，领导力可以呈现出多种不同的形式，但它的内在本质不会变化。你可以研究各个领域的不同实践，在本书结论的基础上总结出更为通用的战略领导力特征。值得一试！

肯特（Kent）：在您的神情之间，有一种力量，使我愿意让您做我的主人。

李尔（Lear）：是什么力量？

肯特：一种天生的威严。

——威廉·莎士比亚《李尔王》（William Shakespeare, *King Lear*）

03

什么是领导力?

> 群雁高飞头雁领。
>
> ——谚语

什么是领导力?我第一次思考这个问题时刚满18岁,即将从伦敦圣保罗中学毕业。我以"历史上的领导力"为主题,在我创建的学校历史社发表了演讲。当时有人在校刊上发表文章,简要记录了我的演讲内容。

他说,领导力可以定义为影响人们追求某个目标的活动,领导者一定具有某种思想力量。领导力不仅仅代表着指挥官的权威,还包含着必要的特殊人格魅力,能够吸引普通人。只有在特殊时期,这些与众不同的人才会脱颖而出。尽管领导力会随着时代的变化而有所不同,但领导者的素质是相同的。

03 什么是领导力？

多年后，我又投入了大量时间研究领导力及其发展，但我的结论与之前的想法并无太大出入，有时候最初的想法就是最好的。

那是在1952年的某天，蒙哥马利元帅在高中生中发表了演讲。他曾就读于圣保罗中学，并在1944年将位于伦敦哈默史密斯区的红砖大楼用作诺曼底登陆计划的指挥所。就在我们所处的讲堂里，他和艾森豪威尔曾向乔治六世（George VI）国王和丘吉尔介绍诺曼底登陆计划。

中午11点整，"蒙蒂"（Monty，我们对他的称呼）走上讲台，身着军装，身上佩戴着用彩色丝带挂着的10枚奖章。他的脸型瘦削、棱角分明，面容坚韧而果敢，蓝色的眼睛清澈而明亮，身材瘦小。他的表情极为专注，是个极为自信的人。他接管了士气低落的第八集团军，恢复了他们的战斗精神，并带领他们赢得了英国在第二次世界大战期间的第一场胜利。

他独自一人站在讲台上，以一大张地图为道具，向我们介绍了阿拉曼战役的情况。他连续讲了一个小时，没有参考任何笔记，似乎是在向手底下的军官介绍行动计划。他的每一句话都很清楚，透露着自信。在罗纳德·莱温（Ronald Lewin）所著的《军事指挥官蒙哥马利》（*Montgomery as a Military Commander*）一书中，艾萨米（Essame）介绍道：

他将复杂的情况介绍得极为清楚，并且能够描述一场长时间的军事行动，其间完全不参考任何笔记。他讲话时会看着听众的眼睛。他可以准确抓住问题的本质，并提出相当具体的解决办法。对方几乎不会误解他的意思，哪怕事实令人难以接受。

这就是他给我留下的印象。在校长室用午餐期间，我向蒙蒂提问领导力的奥秘。他是如何率领这样一支庞大的军队取得胜利的？在他的回答中，我现在只记得一句话："在战斗期间，士兵是我的伙伴。"当我的第一部作品《领导力培训》(*Training for Leadership*)在1968年面世时，蒙蒂用清晰的笔迹为我写下这样一段话。

领导力是一个宏大的课题。1961年，我发表了一部作品，名为《通往领导力之路》(*The Path to Leadership*)，我在其中试图指明通往领导力的方向。1945年，我在苏格兰圣安德鲁斯大学发表了关于"军事领导力"的演讲。

但传授领导力知识最重要的场所是桑赫斯特皇家军事学院和各所大学；对象是年轻人，因为对于老一辈人来说，这个课题已经不新鲜了。

03 什么是领导力？

1952年，政府已采取行动取消征兵制度，也就是丘吉尔所谓的"兵役制"。但在冷战时期，蒙哥马利坚持保留这一做法，因此，我在毕业两年后被迫服了两年兵役。对此我并不介意，反而我对这段经历非常满意。

我在部队中学到了两种了解领导力理论的方法。一个是"素质法"或者叫作"特征法"，我在很大程度上采用了这一方法；另一个是"职能法"，这个名字是我起的，军官选拔的过程中含蓄地采用了这种方法，但不明显。我退役后过了很长时间，发现了解领导力有三种不同的方法：素质法、情境法和职能法。

■ 素质法

"领导者的素质是相同的。"我曾在圣保罗中学发表演讲时说。1953年，我加入了伊顿霍尔（Eaton Hall）军官的编队。每位学员都拿到一本学习手册，上面将领导力定义为"引领一群人遵循特定的行动路线，控制和引导他们，激发他们最大潜能的技巧"。下面还列出了领导者的十七种素质：

高效战略领导： EFFECTIVE STRATEGIC LEADERSHIP
让你的战略变为现实

◎ 决策能力　　◎ 主动性

◎ 精力　　　　◎ 以指挥权为傲

◎ 自信　　　　◎ 忠诚

◎ 决心　　　　◎ 责任感

◎ 以身作则　　◎ 幽默感

◎ 果敢　　　　◎ 承担责任的能力

◎ 处事冷静　　◎ 强健的体魄

◎ 公正　　　　◎ 热情

◎ 人文关怀

"这些都是优秀的领导者应该具备的素质，但不要以为它们代表着领导力的全部内容，"手册最后总结道，"你永远能学到新的东西，所以准备好从经验中受益吧。经验会带来很大的帮助。要抓住一切积累领导经验的机会。军官和领导者的职位责任重大，但会有很多收获。你要努力尽早成为优秀的领导者。"这是关于领导力的最直接的一堂课。

但是素质法在美国失去了热度。有些心理学家指出，各种所谓的针对领导者本人的客观和实际情况分析总结出的一系列素质清单存在差异。有人假设有一套固定的领导力素质清单，可以代表各个时期所有领域的领导者，但这种想法遭到了质疑，因此被放弃了。随后有人提出，领导力会受到情境的限制。没有适合所有人的素质标准：领导力取决于具体

03 什么是领导力？

形势的要求。下方的文本框内给出了早期的几项研究成果，但如果你对学术研究不感兴趣，可以略过这部分。

领导者素质研究

案例1：明尼苏达大学的C.伯德（C. Bird）教授调研了大约20个案例，在一定程度上符合调研目的，其中包含79种特征。"令人意外的是，每个案例的研究结果几乎没有重合。51%到65%的特征只出现过一次，16%到20%的特征出现过两次，4%到5%的特征出现了三次，还有5%的特征出现了四次。有两种特征出现了五次，'主动性'出现六次，'高智商'出现十次。"

——C.伯德《社会心理学》（*Social Psychology*）

案例2：一篇文章的作者用1.7万字的篇幅介绍了领导者的人格特征。

——G. W. 奥尔波特和H. A. 欧德伯特《心理学专著》（G. W. Allport, H. A. Odbert, *Psychological Monographs*）

案例3：R. M. 斯托格第（R. M. Stogdill）研究了124项调查中出现的29种素质，最后总结道：尽管智商、学历、人品、社会参与度和社会经济地位与领导力存在一定的关联，但有迹象表明，领导力是人与人之间的社会

> 关系，一种社会环境中的领导者到了另一种环境中不一定能成为领导者。
>
> ——R. M. 斯托格第《个人要素与领导力：文献研究》，"Personal Factors Associated with Leadership: A Survey of the Literature"
>
> 案例4：W. O. 詹金斯（W. O. Jenkins）在1947年开展的另一项研究中证实了这一结论。他研究了74个有关军事领导力的案例，写道：领导力与具体的情境有关。开展具体活动的团队的领导者及相关的领导力特征是由当下的需求决定的……相似情境中的不同领导者存在很大差别，相同领导者在不同情境下的行为更是有极大的出入……唯一的共同点在于，具体领域的领导者需要具备该领域所需的大量一般知识和技术能力。一般性的知识似乎并不是领导力的关键……
>
> ——W. O. 詹金斯《有关军事问题的领导力研究》，"A Review of Lead Studies with Particular Reference to Military Problems"

美国对于素质法在知识和情感上的排斥反映了国内社会在第二次世界大战结束后的某些文化价值观。很多从事社会科学或行为科学等新兴领域研究的人都来自欧洲，特别是德

03 什么是领导力？

国和意大利。这是一种反领导力的文化，它将领导力视为一种外界赋予拥有领导力素质的个人的权力。这里更加关注团队，而不是领导者本人。

威廉·怀特（William H. Whyte）在《有组织的人》（*The Organization Man*）一书中很好地阐释了这种观点。"反独裁主义逐渐演变为反领导力，"他写道，"在团队中，突出的个性会招致强烈的怀疑。选择合作的人会直接走向对方；而有主见（可理解为存在偏见）的人会偏到一边，更糟的是有可能冲向领导位置。"

"团队领导"的问题在于，虽然它在美国人所谓的"团队实验室"的研究和培训的虚拟环境中很有效，但在真实的工作世界里，它没什么效果。第一个发现这一点的人是麻省理工大学心理学教授道格拉斯·麦克格雷格（Douglas McGregor），他在极具影响力的著作《企业的人性面》（*The Human Side of Enterprise*）中介绍过。1948年，麦克格雷格教授被任命为安提亚克大学校长，他在那里认识到了作为校长要发挥个人领导力。他得出了以下结论：

> 首先是一种信念，源于我在担任大学校长时的个人经历。在任职于安提亚克大学之前，我曾在许多组织中担任顾问，在与企业高管共事的过程中近距离观察过他们。我以为自己了解他们如何看待自己的职责，以及是

什么使他们采取这样的行为。我甚至以为我能为自己创建一个职位，避开他们遇到的一些困难。我错了！当我亲自当上主管，面对他们遇到的问题时，我才认识到观察他们的行为无法处理问题。

例如，我相信领导者可以以顾问的身份成功地管理组织。我以为自己可以绕开"老板"的身份。我怀疑自己在潜意识中想要回避作出艰难的决定，不愿意在多种不确定的选择中承担起领路人的责任，不希望犯错误并承担后果。我以为自己能被所有人喜欢——建立"良好的人际关系"，消除一切矛盾和分歧。

我简直大错特错。我花了几年的时间才终于意识到，领导者无法避开行使权力，也不能不对组织经历的事情负责。实际上，高管的主要职责正是承担起应对重要决策中始终存在的不确定性的责任。此外，重要的决策往往无法令组织中的每个人感到满意，因此他也必须承受那些意见相左的人的不满，甚至严重的敌意。

一位同事最近用一句话总结了我从经验中学到的东西，他说："一个好的领导者必须严酷到能够赢得胜利；但又不能过于严酷，不要在一个人倒下时踢他一脚。"这个观点与人文关怀的民主领导力毫不沾边。良好的人际关系源自力量，而不是软弱。

03 什么是领导力？

道格拉斯·麦克格雷格的学生沃伦·本尼斯（Warren Bennis）曾参与《领导与激励》（*Leadership and Motivation*）论文集的编纂，上面的内容就出自这里。第二次世界大战结束后，本尼斯是美国驻欧洲最年轻的连长，还当上了大学校长。他通过自己的著作《领导者》（*Leaders*）重新激发了人们对组织领导者的兴趣。这一新思想流派的主要贡献在于强调了领导力和远见之间的联系。

西点军校等军事机构有着自己的领导传统，从未放弃过素质法。这一方法可以追溯到色诺芬，他列出了理想的领导者应具备的素质：节制、正义、睿智、和蔼可亲、有头脑、机智、仁慈、同情他人、乐于助人、勇敢、宽宏大量、慷慨和体贴。

斯利姆将军发表了有关领导力的演讲。他提出的素质包括：勇气、毅力、判断力、知识、灵活的头脑和诚信。这些也构成了他面向管理人员发表的领导力演讲的本质内容。蒙哥马利对亚里士多德（Aristotle）提出的四项领导才能表示赞同，即正义、节制、审慎和坚韧。

在我看来，领导者应具备并能表现出所在领域期望或要求的素质。例如，军事领导者必须英勇善战，具备优秀士兵所具有的一切特征，并且具备一些普遍性的领导素质，例如热情和正直（使人们信任你）、严厉（或要求苛刻）、公平、具有人文关怀、充满活力和韧性。

高效战略领导： *EFFECTIVE STRATEGIC LEADERSHIP*
让你的战略变为现实

领导者应具备的素质列表并非详尽无遗，因为在具体情况下，某些个人身上的闪光点比其他人更突出。因此，你可以随时学习领导者的素质，并挖掘新的内容。例如，上文没有提到的幽默感也可以成为一个重要的领导素质。没有人会具备所有这些素质，因为理想型的领导者只是一个概念，不存在于现实中。但是你应该着眼于开发自己天生具备的素质，这些都属于前面提到的普遍性素质。即使你尝试失败，你也会变得更加谦卑——谦卑也是一个重要的领导素质！

情境法

关于情境法，我们已经说了很多，这里不做更多说明。可以说，它的传统意义更强调领导者的技术或专业能力（即知识水平），而不是人品或性格特征（但并不是说这两点在传统意义上不重要）。

你或许已经发现，斯利姆将军将知识加入了自己的列表中。1957年，他在任澳大利亚总督时发表了题为"管理领导力"的演讲。

> 一个人必须拥有知识。他无权自诩为领导者（或被他人推举为领导者），除非他比自己要领导的人知道

03 什么是领导力？

得更多。军队中一个排（或者车间小组）的领导者应该能够胜任手下任何一个人的工作。这是所有低级别领导都必须满足的标准。随着领导者级别的提高，他将无法精通手下人的一切工作。师长不需要知道如何调试无线电设备、驾驶坦克、布道或取出阑尾，他手下有经过培训的专业人员负责这些工作。但是他必须知道这些工作要花多长时间，有哪些困难，手下人需要哪些培训和设备，以及他们面临哪些压力。当领导者爬到阶梯的顶端时，他必须能够区分专家和技术人员，并采纳他们的建议，但不必掌握他们的知识。他必须具备一种知识——就是对人的了解。

有人可能会对最后一句话产生质疑，但它指出了一种更为普遍的知识，即了解人性，以及组织中合作的最高效率——这是高效领导者的一大特点。一个人是否对人类本性（"企业的人性方面"）存在较为全面的了解、知道如何领导，这可以通过他们的行为来判断。

知道在某种情况下该做什么，这既属于技术或专业知识，又属于人的知识（如果情形与人有关，例如领导力问题）。但是，其他两个因素——智力和经验，也要考虑在内。在苏格拉底提出的知识概念中，你可以认为智力和经验是内在固有的。事实或许如此，但是为了方便理解，我们可以将它们人为地分开。

作为一般常识性原则，领导者的智力应至少达到平均水平。正如奥德威·狄德（Ordway Tead）在《领导艺术》（*The Art of Leadership*）中所写："除去明显的事实外，几乎没有任何科学依据，这或许恰好印证了这个事实：在其他素质相同的情况下，才智更高的人有可能成为更出色的领导者。"

智力是一种理解能力。敏捷的思维、解决问题的能力和保持对关系的感知力都是智力的隐含内容。从更加广泛和非正式的角度讲，智力相对于特定的技术知识显然更具有可转移性。狄德继续说道：

> 现有的少量研究还表明，领导者的这种较高智力因素与能力的全面性有关。我们或许可以得出初步结论：有能力领导一个领域的人很可能具有领导多个领域的潜力。领导者身上特有的热忱、机警和外向的精神品质意味着他们可以在多个方向上发挥自己的力量。

这里提到的智力包含以下能力：

◎ 抓住重点
◎ 迅速感知事物间的关系和相似点
◎ 在复杂的局面中找出基本要素

◎ 擅于根据事实推理

◎ 从过去的经历中总结出重点要素，为应对当前的困难提供灵感

◎ 能够明确区分目的和手段

◎ 随时评估形势

◎ 看清自己在当前和过去工作中的重要地位

◎ 获得有助于采取明智行动的线索

这些点之间存在极大的重叠，但它们共同形成了我们所探讨的"智力"概念。

在上面的列表中，智力与经验之间的相互依存是显而易见的。经验既可以指一般的生活经验（当然，它会随着年龄而增长），也可以指具体环境中的相关经验。熟悉感离不开大量的实践。你曾经遇到或亲身经历的情况与现在面临的情况是有相似之处的。言外之意，你过去在一个主题或领域中的深度参与会促使你具备如今的高度理解力。但是有时候，智慧的提升不是嘴上说说，而是经验的积累。

希腊人有一个专门的词来形容智力和实际经验的结合——"phronesis"，意为"实践智慧"。它首先演化为拉丁语中的"prudentia"，然后进一步翻译成英语中的"prudence"，意为"审慎"。在事务的管理中采用理性、智慧或精明的手段，审慎利用资源，在危险或风险面前保持谨

慎来进行自我管教和约束,"审慎"一词带有克制的含义,所以"实践智慧"是"phronesis"更准确的译法。

■ 职能法

我第一次接触职能法是听别人讲起的。1953年,在开始服役后的一两个月时,我被送往陆军部选拔委员会(the War Office Selection Board),确定我是否有资格被委以军官职务。那是一次公平、有趣和令人印象深刻的经历,我之所以这么说,并不是因为我通过了,也不是因为我了解它背后的所有理论——我怀疑那些负责人事安排的官员也做不到。

陆军部选拔委员会是当今所有评估中心的前身,它成立于1942年,当时英国陆军从几十万人迅速扩展到六百万人。从公立学校选拔官员的传统面试方法显然不够有效。当天出面的副官罗纳德·亚当(Ronald Adam)爵士召集了一个由士兵和心理学家组成的工作团队,共同设计了为期三天的选拔流程。

亨利·哈里斯(Henry Harris)博士是1943年加入该团队的一位心理学家,他撰写了一本书介绍这一非凡的创新成果,名为《领导力测试小组法》(*The Group Approach to*

03 什么是领导力？

Leadership Testing)。他写道：根本的问题是如何为小组选择合适的人，因为在战场上的压力条件下开展行动的军事小组需要能够在压力下高效指挥的领导者。

陆军部选拔委员会是在一个实验小组中进行测试和评估，给他们施加巨大的时间和问题压力，即在有限的时间内完成一项艰巨的任务。委员会观察和评估的对象通常为团队效率，也就是每个人对团队和总体任务的贡献的总和。

团队效率可分解为任务能力（例如规划和组织现有的人力、物力和时间）和团队凝聚力（主要包括使整个团队朝着共同任务的方向上努力，在成员之间以及成员与任务之间建立情感联结）。观察对象还包括候选人承受压力的能力，也就是我们今天所谓的"韧性"。"我们要在团队中，并为团队选拔和检验一个人"，这是基本原则。

显然，在早期阶段，职能法的要素已经出现，并应用于领导者的选拔。亨利·哈里斯详细地总结道：

有人或许会暂时提出，领导力是个人在执行一项共同任务时影响他人和受他人影响的能力水平。这将领导力的职能限制为三个重要方面——个人、团队和任务，同时指出领导力是这三个基本变量之间的职能关系。

20世纪60年代，我在桑德赫斯特所做的工作可以理解为职能法在培训领导者（而非选拔领导者）方面的运用。这种方法包括集中开展两天的实践练习、小组讨论、拍摄记录和案例研究，结果证明它很有效，并已在英国武装部队和海外广泛采用。我将它重新命名为"以行动为中心的领导力"，并将其引入业内，一百多万名经理和主管参加了该计划。

实现这种成功的一个关键突破是在一张简单的图表中将"需求"的三个要素联系在一起，包括任务、团队（或小组）和个人。正如一句中国谚语所说："百闻不如一见。"

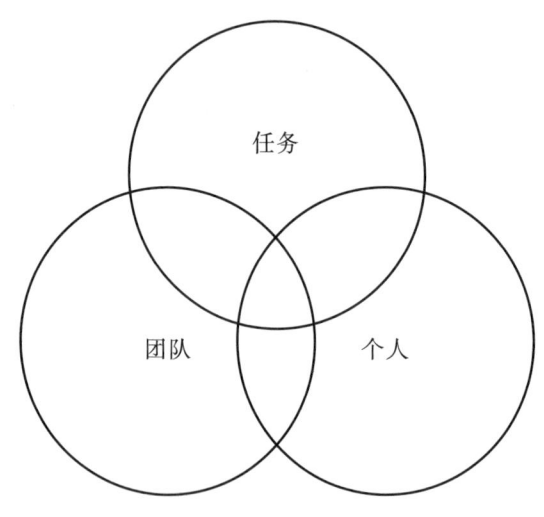

三个需求领域的相互关系

03 什么是领导力？

在上图的"任务"环上放一张光盘，它也会遮盖住另外两环的一部分。换句话说，如果没有制定或完成任务，将影响团队的维护，例如加强破坏性趋势；也会影响个人需求领域，降低团队内部成员的满意度。将光盘移至"团队"环上，我们就可以看到团队内部关系的缺失对任务和个人的影响。

相反，当团队完成任务时，团队凝聚力和成员满意度会提高，公司与个人的士气也会提升。而且，如果团队成员之间相处融洽，能够作为一个整体紧密合作，他们的工作绩效就会提高，也可以满足个人融入集体生活中的一些重点需求。

因此，这三个相互交叠的环印证了一点，即每个需求区域都会对其他两个领域产生影响，它们不会形成独立的密闭空间。

显然，为了使小组能够完成其任务，并作为一个团队紧密联结在一起，某些职能必须要履行。在这里，"职能"是指满足一个或多个需求领域或领导力责任领域的任何行为、言语或行动。这个概念包含制定目标，筹建和激励团队等。下一页的表格给出了其他例子。

这种三环模型还为其他卫星理论或模型提供了框架，例如亚伯拉罕·马斯洛（Abraham Maslow）提出的"个人需求层次理论"，以及代表领导者与团队或个人共享决策的不同方式（从领导者讲述开始，逐渐提高团队或个人的参与度）的模型，后者被视为决策连续体上的各个点（有关这两个方面的详细信息，请参阅本系列的其他作品。一个普遍原则是，你分享的决策越多越好，因为相关人员会更有执行决策的决心。但是有一些自然因素——时间紧缺、团队或个人的知识和经验不足等可能会限制你的进度。

总而言之，领导者是指具有合适的素质和知识，能够履行必要的职能，使团队能够完成任务并紧密团结起来的人。他无法独自做到这些，而是要激励所有各方作出贡献和自愿合作。正如VC公司的约翰·史密斯（John Smyth）爵士写道：

> 好的领导者是人们无论形势好坏都愿意陪伴在他身边的人，因为他们对他的人品、能力充满信心，并且因为他们知道自己对他很重要。

关键的领导职能	
规　划	·收集所有相关信息 ·制定团队任务和目标 ·制订可行的计划（在正确的决策框架内）
启　动	·向团队介绍目标和规划 ·解释目标或规划的必要性 ·向团队成员分配任务 ·制定团队标准

03 什么是领导力？

（续表）

控　制	・维护团队标准 ・控制团队进度 ・确保所有行动朝着目标开展 ・保持讨论内容的相关性 ・激励团队开展行动或做决策
支　持	・表达对人员及其贡献的认可 ・鼓励团队和个人 ・约束团队和个人 ・鼓舞团队士气 ・用幽默感缓解紧张 ・调解分歧，或鼓励其他人探索方法
提供信息	・明确任务和责任 ・向团队提供新的信息，保持团队的参与度 ・接收团队提供的信息 ・总结大家的建议和想法
评　估	・检验想法的可行性 ・检验某个建议的后果 ・评估团队绩效 ・帮助团队或个人按照标准评估自己的表现

正确理解三环模型

"职能领导力"概念的三环模型是当今世界上广为人知和使用最广泛的领导力发展模型。很多模型和理论出现后就迅速消失了,没有一种模型能连续五十年以上应用于人员的选拔和培养中,并逐渐获得声誉。正如一句俗话所说:"时间就是真理。"在这一领域,时间确实有助于筛选出短暂的或时髦的领导力理论。

但是,在三环模型并非万无一失的漫长时期中,有两个方面引起了我的注意。首先,三个环的大小相同,导致一些新手领导者以为自己需要在任务、团队和个人方面花费相同的时间和精力。大多数人会发现,在实际中,一个环可能比另一个环大得多,因为在某些情况下,你可能要专攻一个领域,把另外两个领域放在一边。如果情况允许,优秀的领导者可以很好地实现这一平衡。但三环模型是动态的,而不是静态的,它的形状或图案会不断变化。

其次,有人认为该模型鼓励平庸,因为它假设一个团队仅有必要完成自己接到的任务:它不会进一步改善这项任务,或提出更好的办法。然而,这是一个误解,是模型中不存在的内容。实际上,它包含自行发掘任务或扩展当前任务的具有创造力的团队或小组。的确,按照互动原则,三环中

03 什么是领导力？

任何一个的创造力程度都会影响其他两环。例如，如果你给团队分配一个创造性的任务，它将激发团队和个人的潜在创造力。如果你将一个极富创造力的人引入团队，他就会以一种更具创造力的方式探索并完成任务，整个团队也会更有效率。

根据经验，在领导层中，三环模型相当于领导力领域的"相对论"。它遵循了爱因斯坦（Einstein）的原则："一切都应该尽可能保持简单，但不能过于简单。"该模型既简单又真实，这意味着它永远不会过分简化或流于表面。

■ 领导力的各个层面

领导力存在不同的层面。从组织的角度看，有三个大的领导力层面或领域。

团队层面：十到二十人的团队的负责人，有具体的任务要完成。

业务层面：某个主要业务领域的负责人，手下管理着多位团队领导，是领导者中的领导者。

战略层面：整个组织的负责人，手下管理着多位业务领导。

组织成功的一个简单秘诀是让高效领导者承担这些职

责,并组建和谐的团队。甚至可以简单地说:我并不是说在当今的生活压力下实现或维持这种领导力是件容易的事,但是你还有什么选择呢?

每个大的层面中可能会有细分。不同的领域也会存在大范围的重叠,但我们仍然有必要作出区分。

然而有些时候,精心设计的等级制度掩盖了组织机构的这三个层面。等级制度(hierarchy,源自希腊语中的"hierus",意为"神圣的")最初是指由神父或牧师组成的统治机构,并被分为不同的等级,具有层层管辖特点的制度。希腊语中的"archos"一词用于形容具有权威的人,即"领导者"。它源于一个动词,包含"启动"和"带头"两方面含义。英语单词的词尾"archy"可以理解为政府或顶层势力的领导。例如,大主教(archbishop)是主教中的最高首领,君主制(monarchy)是指一个人(国王或皇帝)的统治。

希腊和罗马方阵中有大量普通士兵,而一旦开战,方阵就会解体并重新组成十人的编队,领导者会自然而然地站出来,负责集结手下并率领他们向前冲。

领导者是团队的根基,如今很多大型组织仍然没有认识到这一真理。希腊诗人欧里庇得斯(Euripides)写道:"接受明智领导的十人将打败无人领导的一百人。"希腊语和拉丁语中的"decanus"一词指的是率领十名士兵的领导者。

03 什么是领导力？

它最初指的是修道院中负责管理十名僧侣的人，到了现在，它的含义衍生为大教堂的主持或大学校长。英语中对应的词是"corporal"（"下士"），它与"captain"（"上尉"）一样来自拉丁语中的"caput"，意为"首领"。"chief"（"首脑"）源自法语中的"chef"，意思相同。作为人类，我们直立行走，所以我们往往假设头部是一个分层的模型，它在最上面，因此非常重要。再看看其他大多数动物：头部永远在最前面——它是身体的领导者。

在战争中，战术训练无法代替团队领导者。斯利姆将军曾就这一点与人讨论过：

> 我记得很久以前，当我还是一个有着一腔热血的年轻军官时，我们中的许多人（即使在那些日子里，我们在军队中也做了不少工作）都在研究如何组成一个营来进攻。我们提出了各种各样的想法，并激烈地开展辩论。一位老人在旁边观看，他是一位出色的战士，我们转向他说："先生，您怎么看？"
>
> "好吧，"他回答，"我可以告诉你一件事。一个营的初始阵型并不重要——正方形、菱形、圆柱形或压扁的火柴盒形都可以，但它永远会以相同的阵型结束——一小群人围绕在最勇敢的战士身边。"我在战场上见过各种阵型的军队，但它们最终都呈现出这样的形态——

一个个围绕在天然领导者周围的小团体。

> **行动中的团队领导者**
>
> 英国新闻社的一位专题记者写道：
>
> 今天在海滩上，我一直在听第一次袭击中的英雄主义故事。最早到达海滩的是突击队，他们的船顶着迫击炮和机枪，驾着海浪冲向战场。
>
> 很多战士看到一个年轻的突击兵从一艘船上下来，匍匐着向海滩上的一个掩体爬过去。他很快站起来大喊："来吧，伙计们。"然后直接冲进掩体内部，结果里面有六挺机关枪朝他射击。他再一次倒下，这次没能起来。他带领手下人一起赴死，而他自己的身上有五十多处伤口。掩体内的十个德国人最终向那场英勇袭击的幸存者投降。
>
> ——《泰晤士报》(*The Times*)，1944年6月9日

甚至一个非常庞大且遍布全球的组织也可以展现出领导力的三个层面。例如，如果你是罗马天主教徒，你的教会在全球拥有数百万受众，那么你的思想和精神领域只有三位领导者：教区牧师、教区主教和教会的最高领导——教皇。当然，其中还有其他各层级的神职人员等，但是他们不会影响这种基本的三个层级模式。天主教教会的一大优势在于组织

03 什么是领导力?

的简单性,尽管它覆盖了全世界。

■ 本章要点:什么是领导力?

● 理解领导力有三种主要方法,包括素质法、情境法和职能法。每种方法都作出了重要贡献。

● 领导者应该具备相关领域的必备素质,以及作为领导者应具备的一般性素质,例如热情、正直、严厉、公平等。

● 苏格拉底最早提出,领导者应该了解自己的业务。除了技术和专业知识,他还必须了解人性,知道在具体情况下该做什么,具有希腊人所说的实践智慧——智慧和经验的结合,以品格作为辅助。

● 职能法将其他两种方法整合到三环(任务、团队和个人)的"突破性"模型中。任何领导者的职责都可以通过该模型来定义,它还可以出于人员选拔和培训的目的进一步分解为不同的职能。如果要满足这三个重叠的领域,你需要履行一系列职能,如:

制定任务:你有哪些目标?为什么这项工作必须完成?

规划:规划有助于回答你如何从当前位置走到目标位置的问题。糟糕的规划只能破坏团队或打击个人。

介绍情况：向人们介绍任务和规划的沟通能力。

控制：确保充分利用所有资源和精力。

支持：制定和维护组织与团队的价值观和标准。

提供信息：向团队提供新的信息，并接收团队提供的信息——这是领导者的关联职能。

评估：制定所在领域的成功标准并遵守。

这些可称为领导力职能，它们共同组成领导者的职责，但领导力并不仅仅是所有职能的总和。

● 在特定时期，哪一环在领导者心中占主导地位取决于具体情况。三环模型是动态的，不是静态的。但从长期来看，它确实需要保持平衡。

● 领导力可分为三个大的层面：团队、业务和战略。这些层面构成所有高效组织中的自然层次结构，尽管各层面相互重叠，并且可以通过多种方式进一步细分。

将恐惧留给自己，将勇气分享给他人。

——罗伯特·路易斯·史蒂文森（Robert Louis Stevenson）

# 04

战略领导者的职责

> 如果一个人没有当上君主,便不会有人质疑他的统治能力。
>
> ——罗马历史学家塔西佗(Tacitus)在谈到伽尔巴(Galba)皇帝时所说

无论对于大型业务部门还是小型团队来说,战略领导力的显著特征在于,它暗示着对整体负责,而非关注局部。但是,三环模型既适用于组织,又适用于团队。我们有必要深入探究这一点,因为它尚未得到广泛认可。职能领导力通常被认为仅与团队有关,这种想法是错误的。

■ 正确理解组织

组织指的是一种安排方法,目的是让整体实现协调运转，同时每个部分都履行自己的功能。希腊语中的"organon"意思是"器具"，与它相关的"ergon"意指"工作"。它还可以解释为一种工具或仪器，例如乐器或手术器械。它也可以用来形容人体的某个功能性的部位。

源自拉丁语、以"-ation"为结尾的英语单词表示动作或过程本身，或由此产生的状态：因此，组织（organization）就是组织行为（organizing）带来的结果，后者的意思是指为具体目标而进行的系统安排。

尽管组织和社群都是人类在混乱中建立秩序的产物，但两者之间仍然存在明显的区别。"社群"源于家庭、家族或部落，通过接受通行的法律法规和某种形式的政府约束而产生秩序。美国遵循着这种传统。相反，"组织"最初指的是狩猎群体。它们是根据特定的工作形式，或从最广义上讲，围绕着任务形成和发展起来的。

你可以吃苹果、梨、葡萄或香蕉，但不能吃水果，因为它是一个广义且抽象的概念。同样，你可以观察并体验军队、教堂、政府部门、银行或计算机公司等组织的生活，但是永远不会遇到组织。你无法看到或触碰它。这也是一个抽象的概念，就像水果一样。

那我们为什么还要探讨这样一个抽象的概念？因为组织的世界非常复杂，组织的大小和形状、目的或功能各不相同。有些组织年轻而有活力，有些则较为古老和传统。组织

04 战略领导者的职责

不仅具有民族文化的特征，还有自己的内部文化特色。面对这种令人眼花缭乱的多种形式，人的大脑便自然而然会寻找通用或普遍的特征。

它会从复杂的表象中追求简单性，但并非出于纯粹的学术目的。战略领导力的概念至少在理论上来说是一种可转移的能力，它取决于组织（在表面上）具有普遍的统一性。因此，我们有必要进一步探索。

我们可以通过类比或隐喻的方法来理解组织等抽象事物。人体是一个非常经典的比较对象。任何组织都是由相互依存的部分组成的整体。整体和部分这两个方面的本质是通用的，它也是组织的本质。用人体来作类比，为我们提供了一些有关组织的通用语言，例如领导或主管、公司和成员。

■ 三环模型

如果我们扩大比喻范围，思考一个人的全部，而不只是身体，就会得出两个结论。首先，我们每个人都是独特的，并拥有自己独特的个性，同样团队（由个人组成）也会培养出团队个性。组织是由多个团队组成的，它也可以形成自己的个性，或我们通常所说的企业文化。它可以通过团队或组织的典型行为表现出来。因此，请记住，你遇到的每个组织都是独特的,而战略领导者必须首先承认这种独特性。

其次,我们虽然都是独立的个体,但有一些共同点,例如都具有个性。最明显的是,我们所有人都有需求,例如对饮食和住所的需求。以此类推,所有组织都存在三个需求领域:

◎ 完成共同任务的需求。组织成立的目的是什么?是为了完成个人或小型团队无法独立完成的任务。
◎ 形成一个有效的团体并得到维护的需求。组织是一个整体,而不是各个部分不协调的组合。
◎ 个人带到任何组织中的需求。

显然,我们又回到了三环模型——它是一个伟大的发现,体现出任何组织中的三个需求领域都会相互影响,无论是好是坏。因此,战略领导者的职责就是像业务领导者负责部分工作一样,在整体上开展工作。

整体与部分的关系

我们对组织的了解已经有了极大的进步,只不过在真实世界中,对于这种知识的实际应用仍然较为落后。

04 战略领导者的职责

从分析结果来看，所有组织都存在的一个较大问题是在整体和部分之间实现恰当的平衡。

与皮埃尔·都彭（Pierre DuPont）一道对美国企业组织产生了巨大影响的阿尔弗雷德·斯隆（Alfred P. Sloan）在管理团队中发现了这一关键问题。他在《我在通用汽车的那些年》（*My Years with General Motors*）一书中写道："良好的管理取决于集权与分权的妥善协调，或'集权下的分权'。""集权"与整体有关，"分权"则与部分有关。我们从最后一句话可以看出，斯隆提出的解决方案是合二为一的：在保持一定程度集权的同时将权力下放。

这听起来很简单，但实际并不容易做到。现成的公式是不存在的，专家或大师们提出的简易方法也都没有用。作为战略领导者，你要自己思考解决方案。斯隆继续说道：

> 对于履行多种不同的责任和有效地分配工作，并没有固定和速成的方法。平衡点的选择取决于多种要素，包括决策内容、当时的情形、以往经验以及管理者的性格和能力。

对于实施集权制和分权制的组织来说，处理整体与部分之间的关系是一个长期存在的问题。集权组织可以比作人体，分权组织更像是一个家庭。在政治领域，分权国家由不同的政治单位组成，它们将各自的主权移交给中央政府，但保留有限的自治权。权力在中央政府及其组成的政治单位之间分配。它们的融合程度从一个单一政治实体的联盟到较为松散的联邦，后者更像是一个成员可以自由退出的结盟关系体。你应该听说过欧洲各国对于欧盟性质的讨论。欧洲实行单一货币并统一了军队，这是否意味着它成了像美国那样的联邦制大国？

集权组织与军队类似，因为从理论上讲，你告诉人们该做什么，他们就会去做。用现代术语来说，它们是"指挥作战部"。从历史上看，正如《马太福音》（Matthew）中所记载的，罗马百夫长对耶稣（Jesus）说："我在人的权下，也有兵在我以下；对这个说'去！'他就去；对那个说'来！'他就来；对我的仆人说：'你做这事！'他就去做。"

在分权组织中，情况完全不同。作为组织领导者，你可以领导，但不能指挥。例如，在英格兰教会（包含四十三个教区的联盟，每个教区由一个主教负责领导，他们负责本教区的会议召开和行政管理）中，约克大主教辅助坎特伯雷（Canterbury）大主教，负责管理英国北部两省以及新成立的大主教理事会的工作；坎特伯雷大主教只有获得各教区的支持才能推进工作。

通过以上比喻，你可以看到整体与部分的关系中长期存在的问题。这反过来又反映出秩序和自由之间更深层次的冲

04 战略领导者的职责

突。两者似乎是相反的,但秩序的真正功能在于创造自由。

当所有领导者(不仅是战略层面的领导者)都关注整体和自己负责的具体部分时,组织才能有效运转。领导者之间开展合作会产生一种积极的影响,用一个词准确地形容就是"和谐",所有部分能够以一种令人愉悦甚至优雅的方式合作,就像交响乐中的音符,或者音乐剧的表演者一样。

我们可以用乐团作类比,来研究所有组织都具备的基本概念。组成乐团的部分包括个人演奏家,他们分为四支乐队——弦乐、木管乐、铜管乐和打击乐,每支乐队都有自己的"首席",也就是领导者。在排练和表演中,指挥家相当于业务领导者,他通过指挥将所有乐队联结在一起,以具有艺术表现力的方式解读作曲家的作品。指挥家在乐队的演奏和凝聚力量方面提供了指导。

然而,乐团是相对较小的组织,一个出色的指挥家可以跳过各乐队的首席,与每一位演奏家和独奏者建立和谐的关系。在庞大的组织中,例如拥有成千上万士兵的军队,战略领导者很难以这种方式直接与个人建立关系,但伟大的领导者可以做到。

总而言之,所有组织都具有三个普遍特征。

◎ 相互影响的三个需求领域在任何情况下都存在,正如所有人都离不开食物、安全感和他人的认可。

◎ 每个组织都是独一无二的，它具有鲜明的团队个性或企业文化，相当于它特有的指纹。

◎ 整体与部分关系的处理、秩序与自由的平衡是所有人面临的共同问题。

还可以补充一点，所有组织都像鱼一样：无论大小，它们都在社会的海洋里游弋。

战略领导力的职能

尽管人们最近喜欢为领导者的"胜任能力"列出长长的清单——有些像电话簿一样厚，但对于领导者的基本要求其实很简单。任何级别的领导者的核心职能都可以按照三环模型归结为三大类，具体如下：

04 战略领导者的职责

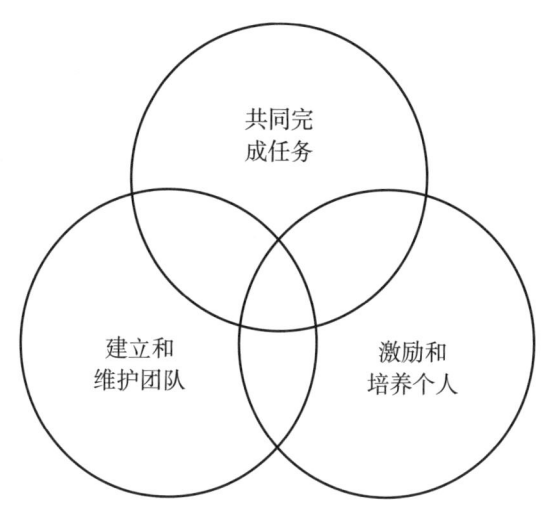

（维恩图：三个相交的圆，分别标注"共同完成任务"、"建立和维护团队"、"激励和培养个人"）

战略领导者的三大职能

当然，这些职能必须在一个既具有连续性，又会影响到三个需求领域和整个组织的变革的社会背景中实现。从组织的一些基本原则来看，我认为战略领导者的一般职责可以折射出七种职能（排位不分先后）。

职　能	要　素
引领整个组织的方向	目标、愿景、价值观
调整战略和政策	战略思维和规划
付诸实践	业务和管理
安排或重组	根据形势要求调整组织

（续表）

职 能	要 素
发扬企业精神	能量、士气、自信、集体荣誉感
与其他组织和整个社会建立关系	盟友与合作伙伴、利益相关方、政府
培养未来的领导者	教导下属并以身作则地带领他们学习

哪些人适合承担这个职责？这显然是一项艰巨而富有挑战性的工作，尽管领导者身边有专业人员——有时会在重大任务中为战略领导者提供帮助。

假设战略领导者知道并理解三环模型，还具有必要的能力，他了解自己的本职工作，并具有热情、正直、公正、严格、冷静等个人素质。下一个重要的方面是战略领导者的思维方式，而不是他的内心和精神。

▌智 力

战略领导者的主要责任是关注整个组织，而不是各个部分，无论部分的规模或重要性有多大。而且从定义上来看，整体要比部分更加复杂，除了复杂性，还有就是与整个组织

04 战略领导者的职责

在瞬息万变、高度复杂的社会、政治、经济和技术环境中，以及在全球范围内的定位和关系有关。为了在这些层面有效发挥战略领导力，领导者的智力必须高于平均水平。或者换句话说，对于战略领导者来说，高于平均水平的智力是必要条件，但不是充分条件。没有它，你可能会失败，但它不是成功的唯一保证。由于当今环境更加复杂，战略领导者比以往更难通过坚持、毅力、诚信和友善等素质来抵消思维上的缺陷，从而弥补智力上的不足。

当然，复杂性始终存在，相比低级别的管理者，战略领导者要处理更复杂的任务、管理更复杂的团队和顶层团队中更复杂的个人。另外，变革时期无疑比缓慢平静地推进工作的时期具有更多复杂性。

原则很明确，"有一条突出的普遍真理"。奥德威·狄德在60多年前写道："如果一个人的智力水平不足以应对领导职责，他就不应该承担职位。没有任何领导者能够接受超出他的思维能力的职位。"这里提到的思维能力（或智力）指的是一个人在依赖于思想的活动中表现出的整体效率。

特米斯托克利

　　特米斯托克利体现出了领导者应具备的智力水平。他是雅典政治家和将军，生活于公元前4世纪，父亲是个普通人，母亲来自其他国家。他在少年时期就展示出了超常的能力。的确，他的职业生涯证明了伯利克里提出的一个观点，即在雅典"重要的不在于一个人是否属于某个阶层，而在于他拥有的实际能力"。修昔底德在有关雅典和斯巴达之战的历史记载中写到极少有人在实践智慧方面能够超越特米斯托克利。

　　特米斯托克利是一个无可挑剔的天才人物，他是非常杰出的，值得我们敬佩。他无须事先研究或事后认真思考一个问题，而仅仅通过发挥天生的才智，就能在必须立即解决且不允许长时间讨论的事情上得出正确的结论，并预测可能出现的情况，他对未来的预测总是比其他人更可靠。他可以清晰地阐述他熟悉的任何话题，而对于自己没有从事的领域，他仍然能给出很棒的意见。他有超群的能力，能够探索未来并找出隐藏的好与坏的可能性。简单地说，他凭借天才的能力和迅速行动，能够在正确的时间做正确的事，在这方面无人能敌。

　　特米斯托克利年轻时曾在马拉松参战，在这场战斗中，达里乌斯（Darius）率领的入侵希腊的波斯军队被打败了。特米斯托克利预见到波斯人将卷土重来，于是说服雅典人建立一支舰队。

04 战略领导者的职责

我在第3章中介绍了智力的几个方面。战略领导者尤其需要综观整个局面,找出其中的基本要点或显著特征。如今,这项能力有时被称为"具备直升机视角",除非你经过培训具备了分析能力和对于本领域的绘图能力,否则最好不要向上飞行。

尽管蒙哥马利元帅缺乏某些实践智慧,但他在智力方面非常突出。坚持战略思维意味着要从复杂的细节中抽身,除非细节非常重要,足以引起战略领导者的注意。1945年,蒙哥马利在圣安德鲁斯大学发表关于"军事领导力"的演讲时,明确而有力地强调了这一点。

> 军事领导者必须有能力克服困难,并看清面前所有问题的基本要素。任何问题的基本要素绝不会超过几个。指挥官必须从大量细节中把握住这些要素,绝对不能忽视任何一个。如果他在战斗中忽略了重要的几个要素,就会遭受失败。
>
> 但是,要清楚地了解这些要素,他一定不能过于沉迷细节。每个伟大的指挥官背后都会有一位总参谋长,他的主要任务是研究细节,让指挥官有更多时间思考问题的本质和最重要的细节。尽管指挥官不能在大多数细节上浪费精力,但有趣的是,每个伟大的指挥官都会关注问题的某些细节。拿破仑和惠灵顿就是两个很好的例子。

高效战略领导：EFFECTIVE STRATEGIC LEADERSHIP
让你的战略变为现实

战略领导者需要全局思维和全面规划能力。一幅画是由一个个细节组成的。莫奈（Monet）会后退一步，观察睡莲的整体画面。当他走向画布，用笔尖点出彩色斑点时，就证明了之前对细节的观察多么重要。其中的技巧在于知道哪些细节是你应该关注的，哪些最好交给手下去处理。不要像贝蒂（Beatty）上将那样，检查舰队中每位军官的杂费账单！

拿破仑曾经写信给他的哥哥约瑟夫说道："战争中不需要太多智慧。"他还对陪他一同流放到圣赫勒拿岛的法国历史学家伊曼纽尔·拉斯·凯斯（Emmanuel Las Cases）说："或许一个人最重要的素质在于超常的判断力。战争的成功取决于行事谨慎、良好的行为举止和经验。"

具有实践智慧（也就是拿破仑所说的"行事谨慎"）的一个基本要求是看到事物的本来面貌，而不会被主观思维所扭曲、被错误的假设所迷惑，或被狭窄的视野所限制，"他相信自己在这方面尤为突出"。拿破仑曾经对古尔戈将军说过："我最出众的一项品质是能够看清整个局面。"

在滑铁卢战役中，拿破仑败给了跟他同样出色的人。军事历史学家福特斯丘（J. W. Fortescue）写道："惠灵顿的真正天赋在于拥有超凡的常识，即看透事情的本质，这是一种罕见的能力，是天才的一个特征。"这句话使我想起了西班牙的一句谚语："常识是最不常见的知识。"对于领导者来说，拥有超凡的常识非常重要。

04 战略领导者的职责

了解整体情况的能力听起来更像是常识,似乎不需要发挥智力。但是请记住我的话:你不必太聪明!

这种清晰的视野——稳定地观察整体形势和其中所有复杂的因素,同时又能分辨出基本要素——需要日本人所谓的"素直思维"。松下幸之助(Konosuke Matsushita)是最著名的日本商业领袖之一,他毕生都在为之奋斗,他的好朋友山口彻(Toru Yamaguchi)告诉我:

> 素直思维(不受束缚的思维)是一种冷静的思想状态,具有高度的适应力。它使当事人可以摆脱先入为主的观念,看到事物原本的状态。那些不具备素直思维的管理者在决策中常会受到自己的偏好所影响,往往会导致公司倒闭。管理者和其他所有人一样,都有自己的习惯和偏见,因此他们必须培养具有素直思维的人才,准确判断形势,引导公司走上成功的道路。松下幸之助常说,培养素直思维很重要,而且并不容易,所以他一直到退休前都在不断地培养自己的素直思维。

摆脱先入为主的观念、潜意识的假设和主观偏见,这是在战略领导力的所有层面上具备实践智慧的人的一种标志。有无数案例可以证明,如果一个人不能以稳定、客观和冷静的素直思维去看待世界,抛掉自己的成见去探寻事物的本质，就有可能作出糟糕的战略决策。松下幸之助写道："没有它，人们将无法真正取得管理上的成功，或真正享受生活的幸福。"

想象力

特米斯托克利彰显了实践智慧——在正确的时间做正确的事，同时还拥有对于战略领导者来说尤为重要的另一种思维——想象力。这种思维非常有价值，但并非必不可少，因为普通人也会有创意或提出有想象力的建议：你不一定要成为创意十足的思想家，但仍然可以将不同的想法以有价值的新形式组合起来。但战略领导者需要想象力才能看到当前或未来的新的可能性。他们还必须引导创新（以新的产品或服务的形式将有价值的新创意带给市场或社群的过程），因为对于当今的大多数组织而言，创新具有重要的战略意义。缺乏想象力的战略领导者也不会具备组织中必不可少的能力——开阔的视野。

想象力是指大脑唤起某些画面，用于描绘或构想眼前或当下的经历中不存在的事物的能力，因此它可以代表人们所记住的、从未经历过的甚至并不存在的东西。作为人类，我们拥有非凡而独特的能力，可以构想出尚不存在的行动或

04 战略领导者的职责

事件。

想象力与实践智慧有关,因为后者包含预测未来的能力,即提前看到事情的走向,正如特米斯托克利预见到波斯人将再次入侵希腊一样。有一句老话:"凡事预则立。"接下来,战略领导者可以在脑中想好对策,并在事情发生之前采取行动。然而,前瞻性本质上或许只是从普通的推理和经验中获得的知识,包括在意识和潜意识层面收集、分析和整合信息的过程,我们称之为"直觉"。换句话说,它不具有创造性。

创造力是指将以前不存在的东西变为现实。无论本书是否有用,在我落笔之前,它是不存在的。我们一直在进行整合,而不是分析。但是,除非原材料和制成品有很大不同,否则我们通常不会认为这个过程具有创造力。我们可以发现,想象力是一种罕见的能力(属于艺术家)在发挥作用。

创意、想象力、独创性、创造力、原创性、足智多谋——这些词都用于形容积极、探索性的思维及其产物,描述了以非凡的方式使用普通材料的创造者和他们的创造成果。创意暗指构想出不存在的事物,赋予其形式并创造出实体的整个过程。

从这个角度来看,值得注意的是,高效的军事战略领导者(战略家或将军)必须足智多谋——尽管存在局限性,但必须能解决问题,找到一切可用的资源,并按照自己的目的进行调整。他还必须有独创性，能够设计出奇制胜、误导和欺骗敌人的战略。但战略领导力并不要求具有想象力——至少在过去没有——更不要求创意。伟大的将军或许可以将一群乌合之众培养为精锐部队，或者在绝望的气氛中鼓舞士气，但没有人假装认为战争没有破坏性。在大多数战略性的职责中，人们对想象力、创造力和实践智慧的要求越来越明显和强烈。

谦卑

亚里士多德在他的伦理学著作中将实践智慧列为一项"智力美德"，因为它在引导一个人作出良好或正确的行为方面起着至关重要的作用。谦卑并不在其中，这一点令人意外，毕竟它的反义词——骄傲自大正是造成希腊悲剧的原因。在一个优秀的战略领导者应具备的智力美德中，谦卑应该排在第几位？

谦卑最初是一个宗教概念。骄傲自大用于形容对众神的亵渎，在希腊悲剧中，众神通过羞辱违法者来重新恢复秩序。在《圣经》（*The Bible*）中，"谦卑"是指在上帝面前的姿态。在世俗世界，它表现为一个人在更大更好的事物面前感觉到自己的相对渺小。你或许知道自己非常出色，甚至是

04 战略领导者的职责

所在领域的佼佼者——保持谦卑并不意味着缺乏自信，但根据所有事实来衡量，你处于什么位置？

谦卑是一种反思，就像月亮折射太阳的光线一样，因此试图衡量自己的谦卑程度是没有意义的。如果你认为自己比别人更加谦卑，因此想要祝贺自己，骄傲就会再次出现！但是你可以从别人的言行中看到他们的谦卑，前提是他们为人真诚，毫不做作。历史上伟大的科学家艾萨克·牛顿（Isaac Newton）爵士曾说：

> 我不知道世人如何看我，但从我自己的角度看，我只不过是一个在海边玩耍的男孩，四处寻找更光滑的鹅卵石或更漂亮的贝壳，而我面前是一整片未被探索过的海洋。

牛顿也不会追名逐利。他在写给自然哲学家罗伯特·胡克（Robert Hooke）的信中说："如果说我看得比别人更远些，那是因为我站在巨人的肩膀上。"

> **谦卑——伟大的领导者的检验标准**
>
> 我认为，检验一个人是否真正伟大的第一个标准是谦卑。我所说的谦卑并不是指怀疑自己的能力，或者在表达观点时犹豫不决，而是正确理解自己的言行和其他人的言行之间的关系。所有的伟人不仅精通自己的专业，而且知道自己很精通；他们的想法不仅是正确的，他们也知道自己是正确的。只不过，他们并不会因此而洋洋得意。阿诺尔夫（Arnolfo）知道自己可以在佛罗伦萨建造一个漂亮的圆顶。阿尔布雷特·丢勒（Albrecht Dürer）在给一个讽刺他的作品的人回信时清楚地写道："它不会比现在更好了。"艾萨克·牛顿知道自己解决了一两个其他人解决不出来的问题。但这些人并不会因此而要求别人崇拜自己。他们对不掌握权力这件事相当不敏感，认为伟大可以通过权力来实现，但不存在于权力之中。他们只会按照上帝的旨意来行事。另外，他们可以从其他人身上看到神性，或上帝的痕迹，因此能够表现出无休止的、令人难以置信甚至匪夷所思的仁慈。
>
> ——约翰·拉斯金《现代画家》（John Ruskin, *Modern Painters*）

在西方传统中，领导力与强烈的自信心和自我意识关联在一起，全世界在希特勒（Hitler）、墨索里尼（Mussolini）

04 战略领导者的职责

和斯大林（Stalin）等领导者身上都看到了傲慢自大的温床。《阿拉伯的劳伦斯》（*Lawrence of Arabia*）中的主角也不具备谦卑的素质，不过他认识到了这个问题，并欢迎大家羞辱他，他甚至会羞辱自己——就像希腊悲剧中的主角一样。据我所知，所有记载都没有将他与"谦卑"一词联系在一起。

然而，第二次世界大战时期三位伟大的将军——斯利姆、亚历山大和艾森豪威尔都具有个人魅力和谦卑的美德，这从他们的回忆录中就看得出来。我与斯利姆和亚历山大当面交谈过，他们给我留下了这种印象。约翰·格拉伯（John Glubb）将军与我私交很好。他是一个虔诚的宗教人士，身上有着明显的谦卑品质。

艾森豪威尔曾说："一个靠着追随者的鲜血和朋友的牺牲赢得赞誉的人必须保持谦卑。"他认为，这是领导者必须具备的品质。

> 谦卑是我敬佩的每位领导者身上都具备的一种特质。丘吉尔在感谢人们对英国和盟军事业的帮助时，脸上挂着感激的泪水。

我深信，每位领导者都应该表现出足够的谦卑，公开为他自己选择的下属所犯的错承担责任，并公开表扬他们的成就。我知道，一些流行的领导力理论认为，领导者必须始终保持光鲜亮丽的形象。但是我相信，从长远来看，公正和诚实，以及对下属和同事的宽容都会带来回报。

如果优秀的战略领导者作出的决策导致了失败，他们一定会承担全部责任，不会推给同事或下属。在对魁北克发动的第一次进攻失败后，沃尔夫（Wolfe）将军写道："我承担一切责任，并愿意接受惩罚。事故无法避免。这个有缺陷的计划大部分内容是我提出的。"

艾森豪威尔也为失败承担过责任。1944年6月的前几天，由于天气原因，他手下的空军指挥官请求推迟进攻欧洲计划。在与将军和专家顾问协商之后，艾森豪威尔本人决定冒险于1944年6月6日发动进攻。在舰队出发之前，他写了一篇新闻稿，要求在必要时发布：

> 登陆失败了，我下令让军队撤离。这一次，我充分参考手头上掌握的信息作出了此时此地发动进攻的决定。所有部队，包括空军和海军表现出了英勇无畏的献身精神。如果行动出现失误，一切责任将由我个人承担。

希特勒则代表了不负责任的一面。他认为军事计划的失败是下属的无能或缺乏意志力造成的，却将早期的成果归功

04 战略领导者的职责

于自己。屋顶倒塌时,希特勒谴责德国人民让他失望了。作为领导者,他既看不到,也不愿承担自己的责任。

然而,我为什么会将谦卑当作是一种智力美德呢?承认自己的决策存在错误并承担后果只是谦卑的一个方面。在做决策之前接受他人的意见和想法意味着你没有把自己当成是一个无所不知的天才,这也是谦卑表现的一个重要方面。正如一句谚语所说:"人多力量大。"相信这句话的领导者更有可能向下属征求意见。正如作家切斯特顿(G. K. Chesterton)所说:"表现得谦虚的永远是有安全感的人。"

谦卑对战略领导者思维的主要作用在于,它体现出领导者在思维观念和利弊的权衡中明显不以自我为中心。自我意识就像一个喧宾夺主的影子,掩盖了素直思维或自由思维的清晰度。以上帝来比喻,看到上帝就是看到了事物的本原,以及耀眼的阳光所照射的一切,包括自我。换句话说,如果我们能看到事情的本质,而不仅仅是呈现在面前的表象,这就是一种谦卑。而我们越谦卑,就越有可能看清生活及其变化,以及其他人的本来面目。谦卑的人会站在自己的影子前,他们能清楚地看到事物之间的关系和比例。

"如果你不够谦卑,"博姿公司前董事长兼首席执行官詹姆斯·布莱斯(James Blyth)在关于领导力的演讲中说,"你就不是领导者,甚至可能不是一个真正的人。"布莱斯认为,谦卑的领导者会:

高效战略领导： *EFFECTIVE STRATEGIC LEADERSHIP*
让你的战略变为现实

◎ 承认全人类的紧密关联

◎ 接受自己的不完美

◎ 愿意聆听

◎ 拥有不断尝试的韧劲

他引用彼得·德鲁克的话说："过去的领导者会讲述，而未来的领导者会提问。"他继续说道：相信自己并不是自大，而是对自己内心"面对暴风雨绝不动摇"的部分充满信心。这是一种与过去保持紧密联系，但不会被它所困扰的能力。

■ 解构智慧

在形容了解当前形势、预测后果和作出明智决定的能力等精神品质方面，智慧胜过了辨别力、识别力、判断力、睿智和理性等，因为它暗指谨慎、成熟、敏锐、经验丰富、知识面广、思想深刻和富有同情心等特征的罕见组合。智慧在广义上是指对道德和智力的最高水平的运用。它可以分为三个要素：智力、经验和善意。

经验是通过勤奋工作获得的，并在时间的迅速流逝中不断完善。

04 战略领导者的职责

除了莎士比亚在《维洛那二绅士》(*The Two Gentlemen of Verona*)中所提到的"职业经验"之外,还需要更广泛的"生活经验",再加上我在本书中所介绍的"智力",两者就像一对眼睛一样朝着同样的方向看去。为什么还要有善意呢?

希腊人用两个不同的词来表示善意:"kalos"(精通)和"agathos"(良好的道德)。最初在荷马时代,"agathos"用于描述国王或战士、法官或牧羊人如何履行自己的职能。用这个词来形容荷马时代的贵族,是否意味着他勇敢、睿智而高贵?换句话说,他是否能在战斗、管理和统治中取得成功?美德或卓越的表现是他在履行社会职责时采用的艺术或技巧。"agathos"不再用于形容履行职责所需要的素质,而是指我们称之为善意的素质。

领导力概念仍然保留着这种原始的含义。正直和公正(或公平)是领导者的基本素质,也都属于道德美德,因此,严格地讲,不追求善的领导者不算是有善意的领导者。"正直"一词来自于拉丁语中的"integer",意为"整体",意味着通过坚持价值观实现道德上的完整和统一。所以说,"正直"的意思与"诚实"接近,两者都会产生信任。在所有人类关系中,还有什么东西比信任有更重要的战略意义呢?罗马历史学家李维写道:"如果失去信任,人类的所有社会交往都将化为乌有。"

智慧中的善意元素几乎可以等同于品格。我们说一个人具有良好的品格（而不是个性和性情），指的是他：

◎ 知道自己应该成为什么样的人，以及其他人对自己有哪些期待
◎ 坚持原则
◎ 为人忠诚
◎ 面对诱惑能坚守本心
◎ 对自己的行为负责，并期待其他人具有责任感
◎ 对道德价值观的现状有明确的了解，确保所有人都接受这些价值观

"品格"一词最初是指希腊人用来在石头或金属上雕刻的工具，现在指的是个人的显著特征。在这种情况下，它更具体地用于形容一个人的多种道德素质，不止包括智力、才能或特殊的天赋。

为什么还要有善意？因为战略领导者作出的许多决策都会产生道德上的影响。如果你缺乏智慧（包括智力、经验和善意），你的判断力将受到严重损害。不辨是非的领导者比分不清左右舷的水手还要糟糕。如果掌舵之人辨不清方向，船将注定会触礁。

04 战略领导者的职责

■ **本章要点：战略领导者的职责**

◉ 组织是组织行为的结果，它是为某个目标设计或开发的一种工具，可以从这个目标及其存在的原因的角度来了解。

◉ 我们可以从抽象的人类组织概念来理解组织。它具有三个要素，这些要素普遍存在于所有组织中：

三环模型：任务、团队和个人的相互作用。

组织是由个人组成的，具有独特的个性或文化特征。相同社会环境和领域中的组织也存在差异。

处理整体与部分（秩序与自由）的关系是组织面临的根本问题。

◉ 领导职责随着三个相互影响的需求领域变化。战略层面包含三个广泛的职能，即完成任务、建立团队和培养个人，这些职能可以进一步细分为七种一般性的职能，就像光线折射出的七种色彩：

引领整个组织的方向

调整战略和政策

付诸实践

安排或重组

发扬企业精神

与其他组织和整个社会建立关系

高效战略领导: EFFECTIVE STRATEGIC LEADERSHIP
让你的战略变为现实

培养未来的领导者

◉ 战略领导者与一般领导者之间的差别不在于级别,而在于遇到的问题的严重性和复杂程度。领导者要具备希腊人所说的实践智慧。"领导者与其要变得聪明,"亨利·基辛格(Henry Kissinger)指出,"不如说要保持头脑清醒、视野清晰。"

◉ 除了实践智慧,领导者最好还具备想象力和创造力等智力素质。

◉ 谦卑似乎是领导者不太可能具备的美德,但是谁愿意为一个傲慢的上司工作呢?谦卑有助于人们抛开主观的想法,获得更清晰的思维。

◉ 智慧最初是指领导者的思维,包含三个要素:智力、经验和善意。品格对于所有领导者都很重要,不仅仅是承受最大压力的战略领导者。

> 天才之人希望生活在困难时期,艰难的形势呼唤伟大的领袖。
> ——阿比盖尔·亚当斯(Abigail Adams)在1790年写给托马斯·杰斐逊(Thomas Jefferson)的一句话

◀ 第二部分 ▶
引领方向

05

前一百天

> 好的开始是成功的一半。
>
> ——谚语

拿破仑曾对贝尔蒂埃元帅说:"或许有人认为我很鲁莽,但我并不懈怠。"他与几名助手逃出厄尔巴岛的监狱,登陆法国,击败了被派来逮捕他的部队,一路挺进巴黎,驱逐了复辟的法国国王,恢复自己的皇权,重组政府,并重新集结大军,发起了决定性的滑铁卢之战。他们几乎要胜利了(惠灵顿一直称这是一场势均力敌的斗争),但最终,这场战斗导致拿破仑再次被流放到大西洋中部的小岛——圣赫勒拿岛。

"陛下,从您被迫退位的那个灾难时刻到现在,已经过去一百天了。"在退位书签署后,地方长官说。这便是"前一百天"说法的由来,即拿破仑在1815年3月20日到6月28日之间建立的"百日王朝"。

05 前一百天

富兰克林·罗斯福总统在1933年3月的一个寒冷的日子中发表就职演说时，用响亮的声音说道："我要重申一个坚定的信念，唯一值得我们恐惧的就是恐惧本身。"他仿佛接管了一支涣散的军队，开始激励美国人的"士气"，让这个国家重新燃起自信、积极和进步的精神。在就职的前一百天里，他实施了一系列恢复措施，也就是所谓的"新政"，对于改变国内人的情绪起到了很大作用。就在他发表就职演说的那天早晨，美国"醒"了过来，感受到一位乐观而富有建设性的领导者正在掌控自己的命运。

为什么前一百天会为战略领导者创造机会？答案是，大多数组织都有既定的现状。人们对组织的运作模式都很熟悉了：哪些工作最重要，最有影响力的部门是哪个，哪些想法更容易被接受，谁更有威望，组织的工作方式如何，如何促进职业发展。他们知道地雷埋在哪里。新主管上任时会迅速打破这一切；所有工作暂时都处于悬而未决的状态；没有什么是理所当然的，人们抱有强烈的变革的愿望。组织内部出现了强烈的倾听和学习的意愿，人们有默契地不再做决断，给新主管展示领导力的机会。正如莎士比亚在《恺撒大帝》（*Julius Caesar*）中写道：

> 我们在全盛的顶点上，却有日趋衰落的危险。
> 世事的起伏本来是波浪式的，

> 人们要是能够趁着高潮一往直前，一定可以功成名就；
> 要是不能把握时机，
> 就要终身受挫，一事无成。
> 我们现在正在满潮的海上漂浮，
> 倘不能顺水行舟，
> 我们的事业就会一败涂地。

如果利用得当，这种推翻现状的独特时机将为新的战略领导者提供开启新秩序的机会。你可以在这个时候找出和标记你想在整个组织中开展的改革项目。你首先要做的是想清楚，在未来你即将离开组织时，你希望组织呈现出什么样的状态，目前哪些传统是需要舍弃的。如果在关键的前一百天中，你没能建立新秩序或适应新环境，会出现什么情况？是的，没错，旧秩序会重新恢复。组织将迅速踏上诗人济慈（Keats）所描绘的"回归惯性自我的旅程"。

为了更好地利用这段时间，作为新的战略领导者，你需要清楚地了解你要取得的成就，以及具体方法。记住一句军事格言："侦察工作永远不会浪费时间。"你要尽量全面地了解组织，与一些关键人员交谈，并到现场看一看，提出一些可行的假设——仅此而已。接下来，你就可以"顺水行舟"了。

05 前一百天

▍实践智慧的第一个挑战

拿破仑宣称:"没有具体或明确的规则,一切都取决于将军天生具有的性格、素质、缺点,以及部队的本性、火力范围和季节,还有另外上千种完全不同的情况。"因此,总司令必须独立思考,"以自己的经验或才能为指导"。你可能不是天才,但在拿破仑所说的谨慎(实践智慧)方面一定超过了常人。战略领导者身上最重要的素质,正如拿破仑对拉斯·凯斯所说,"即他的判断力应该高于一般水平"。拿破仑所说的谨慎并不是要求一个好将军小心翼翼地采取行动。正好相反,优秀的将领必须"勤于思而敏于行"。每当拿破仑使用"谨慎"这个词时,他指的是在作出决定、认真管理和思考之前要运用智力和经验。他警告道:"但是如果他内心深处没有'神圣火焰'——能激发人们取得伟大成就的远大志向,这些素质对他来说也毫无用处。"

你可以看到,拿破仑不是一个会浪费前一百天中出现的机遇的人。他没能获胜,但我们不能将错误全部归咎于他。你呢?

记住那句话:"勤于思而敏于行。"不要鲁莽地向前冲,慢慢来。认真聆听和观察,给自己大脑一些时间,根据自己的习惯思考;在公布自己的决定之前,首先与值得信任的人共同检验一下。但要明确地告诉大家,在有限的时间内(不一定是前一百天)你会倾向于维持现状还是实施改革。会有人问你:"你想怎么做?"你要回答他们:"等着看吧。"只要你不会无限期拖延,暂时的悬念对组织来说完全没有坏处。

设定截止日期有助于避免拖延,哪怕只是写在笔记本上。意料之外的复杂要素会将你拖入无休止的讨论和会议中,很难达成结论并作出决定,导致行动被搁置。在不知不觉中,以往的状态重新恢复,消除了你的到来带来的新鲜感。组织又回到了从前。

对于那些喜欢争辩并容易引起无休止讨论的人来说,你可以借鉴伍德罗·威尔逊(Woodrow Wilson)总统向所有承担战略领导职责的人提出的建议:

> 我们这些知识分子如果坐上管理层的位置将会很危险,除非我们能够意识到自己的局限性,并采取措施避免没完没了地思考、聆听。很久之前,我第一次进入管理层时,决定在一段时间内保持思想开放,听听所有人的想法、接受他们提供的信息,等到某天我的大脑做好准备时便关闭言路、开始行动。我的决定可能是对的,也可能是错的。但没关系,我要趁着这个机会做点什么。

05 前一百天

在行动中，做任何决定总比没有决定要好。你的正确率达到80%就够了。在现实生活中，很多东西不仅取决于决策本身，还有你执行决策的方式。拿破仑和惠灵顿等将军清楚地了解这个事实，他们不会将决策推迟到时限之外，无论是否掌握充足的信息。这一原则也适用于企业，至少在掌管着1200家公司的ABB集团（曾是全球电力行业最大的供应商）前董事长珀西·巴内维克（Percy Barnevik）看来是这样的。

> 我要说的是，在任何商业决策中，成功的90%取决于执行力，10%取决于战略。而在这10%中，只有2%取决于分析能力，另外8%取决于作出艰难决定的勇气……问题是，你如何动员其他人？如何使2.5万名管理者像一支庞大的军队一样行动起来？你只要行动起来就可以了，是否朝着正确的方向都没关系。我会告诉人们，如果100个决定中有70个是对的，那就很好了。

我认为你将面临的最困难的情况是，当你四处走动时，发现每个人都感觉自己做得很好。这种组织是最难改变的。

这些组织往往已经存在了很长的时间，并且运作良好，不存在明显的危机隐患，但是你知道，如果它继续保持这个状态，慢慢就会走下坡路。无论你是否是战略领导者，都有必要在组织中开展变革（例如看似不必要的重组或并购），将它唤醒。

组织的自满情绪（甚至傲慢自大）是你作为战略领导者将面临的最大敌人。如果你遇到了这种组织，你必须披上先知的斗篷，在组织的各个部门和层级宣布，它不是最出色的。必要的话，你可以提供证据来支持自己的观点。通过这种方式，你可以用真理的铁犁把冻得结实的土地翻松动，准备播下变革的种子。组织的真正领导者会明白你的意思，更不用说每天面对组织环境和业务的员工了。ICI公司前董事长、电视行业大亨约翰·哈维－琼斯（John Harvey-Jones）爵士曾说：

> 每个人都知道，在特定时期哪家公司是该领域中最突出的，不一定局限于规模或盈利方面。我所说的最突出是指在新产品上市、市场敏感性、市场地位、业务范围、产品质量、对员工的态度、道德水平、环境和安全标准等所有这些方面。

只有你和他人的实践智慧才能告诉你组织中有哪些向好的方向发展的潜力。或许在开始尝试之前，你也不知道。前一百天结束时，你应该已经收到了前进的指令。你要问问自己："哪件事我如果没有完成的话可能是最遗憾的"以及

05 前一百天

"现在或将来的哪个要素会阻碍我完成这件事"。

■ 本章要点：前一百天

● 你永远不会有第二次机会在组织中留下良好的第一印象。你有必要花些时间去思考如何在上任的前三个月内制定个人战略。

● 新的战略领导者的到来总会推开变革的大门，或进一步推进变革的进程。新的秩序可能会出现。人们会抱有很高的期望，从而激发工作的热情，克服惰性并作出积极的改变。

● 首先，你需要全面了解组织目前的运转方式。成为新的董事长或首席执行官后，机会之窗便已打开，你必须利用这一机会，因此这是判断力和行动速度的问题。

● 你或许想尽早表明自己的改革意图，但你必须清楚地让大家知道，你愿意听取所有人的想法。你要带动大家，同时要保持绝对的坚定。你要做的就是：制定目标、采纳意见并采取行动。

● 四处走走，见见大家，熟悉实际业务，以此来了解组织。如果组织在不断发展，你一定要做些调研，找到组织的发展方向。

◉ 还有一个问题是人际关系。你要与其他人或团队共事。战略领导者的职责包括充分利用集体智慧。这需要一些时间，但你首先要做的就是与业务人员建立私人关系。

◉ 想一想组织的传统，你想舍弃哪些方面。正如一家公司的首席执行官所说："如果一个组织对自己的未来充满信心，并感觉自己是胜利者，千万不要任由这种想法发展，这是最重要的。"

我们必须遵守最伟大的变革法则。这是自然界中最强大的法则。

——埃德蒙·伯克（Edmund Burke，爱尔兰政治家、作家）

06

打造顶层团队

> 悠兮,其贵言。功成事遂,百姓皆谓我自然。
> ——老子(中国古代思想家、哲学家)

顶层团队合作(所有个人为了共同目标和谐共处)赋予了组织巨大的力量。这听起来非常简单和明显,但很难实现。缺乏这种合作的组织会表现出一些常见的问题:勾心斗角、政治打压。团队大部分精力都耗费在内部争斗、自我冲突和地盘的争夺中。组织也能体会到它带来的冲击,就像从中心点向四周波及的大地震一样。正如一句非洲谚语所说:"大象打架时,草会遭到践踏。"

你如何实现顶层团队合作?在本章中,我将介绍一些建立和维护团队的方法,需要你认真思考。这是实施任何改革的必要前提。第一个领域就是你自己的职责。

■ 你自己的职责是什么？

假设你处于战略领导地位，或者换句话说，你是一家松散的组织的领导者。你是掌握全部领导权，还是与其他人共同承担领导责任？用商业术语来说，你是董事长、首席执行官还是总经理？还是仅仅担任其中的一项职务？

划分战略领导者的职责似乎有些奇怪，但这样做有两大理由：第一，特别是在一个非常大的组织中，一个人要独立完成的工作太多；第二，良好的公司治理要求这样做。用阿克顿（Acton）勋爵的话说："有权力就可能有腐败，绝对的权力绝对会滋生腐败。"首席执行官应由一位更高级别的领导来监督，例如董事长、州长或受托人等。

军事领域的统一指挥带来的优势反驳了他的观点。另外，在某些领域（无论工作量有多大），对最高领导的职责进行划分是不切实际的。如果一个人处于领导地位，且拥有采取行动所必需的权威和权力，那么至少在理论上，决策可以更迅速地作出，变革也会更容易开展。但历史上独裁者的例子无法支持这一观点。当然，没有采取行动的权力，只受到最低限度的限制，这种战略领导力会非常令人沮丧。不要被特洛伊木马所蒙骗，在接受战略领导者职位之前，你必须要非常认真地了解具体职责。有时头衔并不代表具体的工作

06 打造顶层团队

内容。

约翰·哈维-琼斯爵士离开ICI公司后在1991年10月16日的《管理周刊》(*Management Week*)上发表文章,思考了划分领导者职责的优势和劣势。

> 对于顶层领导是否真的应该同时担任两种职责,我非常不确定。我见过有人成功地同时担任董事长和首席执行官,但这样的人不多。更多的成功案例是,董事长与首席执行官一起顺利和愉快地合作。毫无疑问,如果董事长和首席执行官的职责合二为一,这项工作就会非常艰巨。你在树立公司形象方面越出名和成功,公司就越需要你这样做。
>
> 将最高职位分配给两个人的好处是,如果出现灾难性的局面,或者其中一个人"不堪重负",换掉一个人会比较容易。要将同时兼任董事长和首席执行官的人换掉极为困难。你首先要面临两方面的风险,而且实际的换人机制很难有效。将共同担任顶层管理职位的两个人的职责合并起来,这个相对更容易。董事长应主要负责管理董事会、应付外部环境,并确保建立妥善的机制,针对董事会要解决的诸多问题制定战略和明确的政策。董事长应确保董事会会检查首席执行官是否认真执行了政策。

这种组织遇到的困难是职责分工，因此需要两个高层人士之间实现一定程度的合作和理解，而这往往很难实现。另外，它可能陷入美国人非常讨厌的一个陷阱中，即人们不知道权力掌握在谁的手里，以及最终的决策由谁来做。

尽管它具有灵活性这个非常重要的特征，但是缺乏将全部工作集中到一个人身上的便利性。当然，这种方法在美国并不受欢迎，因为美国的组织理论似乎比英国更加直白。

美国模式（董事长拥有全部管理权，他可以将职权分给另一位高层人士——总经理或首席运营官）的一位倡导者是休·帕克（Hugh Parker），他曾是麦肯锡公司的地区负责人。他在《管理者》（*Director*）一书中介绍了各个高管在所谓的"企业复兴"流程中承担的职责，他引用了约翰·哈维-琼斯爵士对"企业复兴"的定义，即在今天的公司基础上创建明天的公司。

董事长的职责包括：

◎ 组建一个有能力帮助和支持他引领总体方向和开展工作的董事会，并与之合作。

◎ 为公司制定战略愿景，这种愿景应基于公司当前的强项和独特的竞争优势。

◎ 确定公司的基本属性、道德观、政策和态度，实现从"重复"文化到"学习"文化的转变。

◎ 根据产品质量、客户服务、技术领导力、市场份额和财务指标等标准制定绩效标准，确保市盈率高于平均水平。

◎ 任命一位总经理并给他分配明确的职责，要求他达到既定的经营和财务绩效标准。根据这些标准评估总经理的绩效，为他提供帮助和支持，必要时可以将他替换掉。

总经理及其手下的顶层管理团队的职责是：

◎ 确保业务规划和财务管理系统适合每个业务部门的新的管理组织结构。

◎ 确保企业的经营目标和绩效标准不仅得到充分理解，而且融入企业的各个层面——即具有挑战性的同时还要现实可行。

◎ 根据规划和预算密切监视各个部门的经营和财务状况，并在必要时采取补救措施。

◎ 制定能够反映董事会提出的长期目标和重点规划的业务战略、经营计划，与董事长和董事会保持持续沟通，以确保这些业务战略和经营计划能根据外部环境不断调整。

◎ 根据董事会决定的业务未来形态和战略重新规划业务组合。重新绘制管理组织结构，以反映重新规划后的业务。

◎ 开展一项计划，通过培训、再培训、培养、授权、激励、招聘和替换等方式系统地加强各级管理，尤其是上级管理。

如果将这两个职能列表与战略领导者的一般性职能进行比较，你会发现其本质在于职责的共享。一般来说，最高职位只有一个。

关键是，在最高职位一分为二的情况下，一切都取决于双方有能力开展对自己有意义的劳动分工。这里存在很多变量，包括经验、性情、传统和个人特点，没有统一的规定或原则，双方都应该清楚企业目标和自己的期望。由此产生的两个职位必定存在重叠，并且双方都必须有能力应对工作分配上的模棱两可的情况，解决企业成长中的痛点问题。如果董事长、首席执行官或总经理缺乏足够的实践智慧，他们的关系终将破裂。

成功的高层"共享工作"的本质在于，双方应该在思想和精神层面建立真正的伙伴关系，要有互补性，而非拥有相同的兴趣、能力和性情。董事长和首席执行官应该相互信任和理解，拥有共同的战略目标，而且最重要的是在观念和价

06 打造顶层团队

值观方面高度一致,可以实现协同,面对问题时几乎不需要探讨。

■ 选拔顶层团队

除了像美国总统和英国首相这样通过民主选举上台的战略领导者,很少有人能够从头开始选拔自己的团队,大多数人都会继承一支现成的顶层团队,并且只有在将某位成员换掉,或者有人离开或退休时才能作出改变。后者可能需要一个漫长的过程,战略领导者往往要耗费几年才能得到他们想要的团队。但除了选拔顶层团队的成员,你还有其他重要的事要做。

一般而言,战略领导者最普遍的弱点是缺乏对人的判断力。就像开车一样,我们都认为自己很擅长,但有多少人是真正擅长的呢?认为自己能找出赢家对于组织和赛场来说同样危险,缺乏对人的判断会导致错误的选择,而组建选拔委员会可以在一定程度上减少这种错误,但即使如此,战略领导者的影响力仍然是决定性的。对于最高层的任命,你应该要参与选拔委员会的工作,即使你不担任主席。

我们会说"人多力量大",但前提是相关人员都有智慧。对人的判断属于实践智慧的一个方面。具备这项实践智慧的人在与其他人交流一段时间后会形成对对方的判断力。对人判断错误是要付出代价的。如果对方未能满足你的标准，想一想换掉他要耗费多少时间和成本。是的，你已经吸取了教训，这是存入你的经验银行的一张支票。"经验是最好的老师，"托马斯·卡莱尔曾说，"只不过学费很高。"第一次就要把事情做对。我从自己的经验中总结出了五个团队建设的方法。

◎ 避免选任与自己一样的人。你需要建立一支各方面均衡发展的团队，各成员在智力、想象力、技术和专业经验以及兴趣方面具有互补性。

◎ 选择真正有能力和声誉的人，而不是那些准备接受现成的立场、同意你的所有意见、从不在决策前的讨论中反对你的人。如果你选拔这种"安全"的人，让他们毫无怨言地执行你的命令，你就会暴露自己的弱点和不安全感。

◎ 你要接受的是整个人，其优点越突出，缺点也就越明显。一支明智而成熟的团队比脆弱的团队更容易接纳最优秀的人所具有的怪癖——前提是他们确实是最优秀的人。

◎ 切勿草率地轻视新的团队成员。也许你或你的前任将一个有能力的人放在了错误的位置上。一旦换个职位，他很可能一飞冲天。

◎ 最好向团队征求对于新成员的意见。但是请记住，任命新成员是改变和完善团队、使其脱离舒适区的方法。如果你给团队一块石头,不要指望他们会看见里面的美玉。

出色的战略领导者具有卓越的领导能力和毋庸置疑的专业名声。他的特征在于能够领导高度复杂的团队以及常常过分自信的人。你可能会问,谁能将蒙哥马利和帕顿(Patton)这两位杰出但不拘一格的领导者放在一支顶层团队中同时管理呢?但是亚历山大和艾森豪威尔都完成了这一艰巨的任务。最重要的是,正如我前面所说,这两位最高统帅都是真正谦卑的人。

■ 案例:亚伯拉罕·林肯(Abraham Lincoln)与埃德温·斯坦顿(Edwin M. Stanton)

1855年,斯坦顿首次见到未来的总统林肯,当时两人均作为律师参与同一场诉讼案。以律师身份闻名的斯坦顿显然侮辱了名气不如他的林肯,据说称他为"长颈鹿"。林肯后来逐渐掌权,但斯坦顿仍然对他持批评态度,不屑一顾地称他是一个"毫无聪明才智的人"。

尽管林肯本人对斯坦顿的看法消极,但还是任命他为内阁团队的战争部长,因为林肯知道他是担任这一职位的最佳人选。斯坦顿欣然接受了任命,并准备充分证明自己的实力。在短短的几个月内,他重组了战争部,使它成为一个更有效率的机构。他孜孜不倦地努力,每天不停地工作,不想辜负林肯对他的信任。

斯坦顿很快改变了自己对林肯的最初的印象,而总统也越来越赞赏他可靠的管理能力,以及他有些古板的外表和举止下隐藏的扎实的实力。随着对彼此的信任加深,林肯可以将工作完全委托给他。1865年4月9日,当林肯返回华盛顿时,斯坦顿热情地拥抱了他。当林肯被暗杀时,没有人比斯坦顿更难过。

团队合作的挑战

无论你领导的是董事会或同级别的团队(例如内阁理事会),还是由业务负责人和专业人员组成的高层管理团队,你都要准备好面对一群位高权重之人带来的复杂性。天赋异禀但难以相处的人往往有很多怪癖:他们有自己的处事方式,像野马一样,需要对他们逐渐灌输团队合作的重要意义。

所有团队成员(你作为领导者也不例外)对任务的实际或潜在贡献与每个人的怪癖(某些反常或出人意料的特征、

06 打造顶层团队

行为或习惯)之间始终存在着平衡。古怪的人可能会有对他人无害的反常行为,这是他们性格中根深蒂固的一个方面。怪癖也可以体现出本性的怪异,但这与独立的人具有的普遍特征有很小的出入(有时候会出现轻微的精神失常)——他们会遵循自己的意愿或心情行事,具有强烈的个性和行动的独立性。

一支成熟的团队永远会接受成员的怪癖与合理的反常行为(如果有的话!),前提是他们有出色的天赋。某位总司令如果因为纳尔逊(Nelson)违反了一些社交习惯和礼仪就将其解雇,那将是非常不明智的。

经验表明,所有团队中都有潜在的缺陷,就像机翼上的裂缝。这种缺陷可能是人际关系问题——X 与 Y 相处得不好。在正常情况下,不会出现任何问题,但如果形势恶化,X 与 Y 之间便会相互指责。他们将陷入弥尔顿(Milton)在《失乐园》(*Paradise Lost*)中描述的那种冲突中:

> 因此他们陷入了长时间的相互指责中,
> 但谁也没有责备自己。

团队中也可能会出现性别、种族背景或职业方面的分歧。例如,在一些陷入困境的公司中,你可能会发现销售部、营销部与生产部相互指责;或者财务部与其他所有部门之间出现冲突。管理者与员工之间那种根深蒂固的鸿沟没有消失，尤其是在后者抱成一团的情况下。

不要以为自己到了组织的最高层，就避开了"团队维护"的问题。例如，如果你在英国的商业环境或相似的背景中领导董事会，就有可能看到执行董事和非执行董事（日本没有后一种）之间出现裂痕。在这种情况下，作为具有管理董事会责任的业务战略领导者，你需要认真思考这两类董事应具备的素质和能力。非执行董事应具有能让执行董事表示尊重的实践智慧。如果他们具备这种实践智慧，他们将获得实际业务所需的知识，在掌握丰富信息的同时，还能独立而明智地提出建议。

董事会中的团队合作至关重要，不仅是因为它在整个组织内传达了积极的信息。"榜样并不是影响他人的主要因素，而是唯一的因素。"阿尔贝特·施韦泽（Albert Schweitzer）说。它在实践中也具有巨大的实用价值，影响着决策的速度和质量。

前英国皇家海军军官约翰·哈维－琼斯爵士坚信董事会应该像纳尔逊的兄弟团一样。

> 公司的发展速度在很大程度上取决于董事会本身的行动速度，因为尽管董事会很少能为企业底层业务部门创造机会，但它们已经一再证明自己有能力阻止这种机

06 打造顶层团队

会被利用和开发。我心中理想的董事会是能够赋权的董事会,它重视底层员工的工作价值,并使每个人(从高到低)都有机会发挥才能。要做到这一点,董事会本身应该作为一个团队紧密团结起来,这是非常重要的。如果公司的各部门之间存在无法解决的根本分歧,董事会就很难发挥作用。

■ 顶层团队存在的问题

进行企业的战略领导是一项共同的责任。要取得成功,你需要一个强大而高效的顶层团队——高层业务或管理人员,包括财务部等职能部门的负责人。这些团队的规模通常在5—14人之间,而这种跨度与组织的规模没有任何关系。顶层团队中往往会出现五大类问题。

问题1:业务负责人的个人能力不足

有时,业务负责人没能领会战略的要义,例如他们会使用短视的手段追逐短期利润,结果对组织的价值和长期利益造成损害。或者你可能会担心他们的个人风格,例如缺乏个人时间管理能力、言行不一或者缺乏紧迫感,会造成其他问题。

存在这些问题的人往往是管理者（擅于经营日常业务和管理员工），而不是领导者。他缺乏战略眼光、个人领导能力和团队合作能力。这样的人能做好一项业务，但无法将业务发展壮大。给他们提供咨询和辅导一般不会有效果。你或你的前任在选人上犯下了错误，你应该考虑将不称职的业务负责人换掉。如果你走错了方向，及时回头永远不会错。作为一名战略领导者，你的责任是直面不愉快的情况并作出艰难的决定，例如解雇同事。首席执行官往往忽视个人身上的问题，不会直面这些尴尬或棘手的问题并在董事会层面进行解决。

问题2：团队内部存在普遍缺陷

作为新的战略领导者，你可能迟早会发现，整个高层团队（通常只有一两个例外）既不能适应新的竞争环境的挑战，也不能应付组织的复杂变化。无论战略领导者有多丰富的经验，对他来说，使顶层团队在当前的现实和未来的理想之间实现平衡是一项巨大的挑战。

问题3：存在有害的竞争

有害的竞争通常表现为两个人之间的对抗。它往往始于某个共同业务领域的分歧（通常是合理的），然后演变为全面的争吵并伴随着人身攻击。在你意识到它的严重性之前，这种个人冲突已经像大火一样熊熊燃烧起来，随时会造成更严重的后果。即使在你或其他人（也许是一个有判断力的非执行董事）试图进行调解后，这个问题也可能只是被埋藏起来了，但不会消失。但即使被埋藏，它造成的损害至少会降低。

这种具有政治人格特征的有害冲突是缺乏团队合作精神的表现，绝不应该发生。不同部门之间友好的竞争是一件自然而合理的事情，应该得到鼓励，某些个人之间的对抗也可以是积极的。但是，如今优秀的领导者需要在领导、同事和下属这三个身份中都付出100%的努力。纳尔逊在这三个位置上都获得了满分，因此你对顶层团队的期望应该不仅仅是及格这么简单。

问题4：集体思维突出

未经验证和下意识的假设，轻易达成的共识，对争论的低容忍度，不愿意质疑他人，认为共识一定是正确的——这些都是集体思维的表现。患上这种疾病的团队在外人看来可能很健康，因为讨论氛围是友好、顺畅、和谐的，充满了欢声笑语。但看看它的决策质量，即"凭着他们的果子，就可以认出他们来"。

顶层团队的凝聚力以及在目标和价值观上达成一定程度的共识是至关重要的。但是你应该明确指出，你期望人们在看到真相时说出来。你和其他人可能有反对意见，但这是次要的。将团队的思想凝聚力置于任务之上,对于董事会或最高管理层来说就是颠覆了三环模型并制造出冲突。

> **分歧的必要性**
>
> 人的思想是封闭的,除非他愿意思考替代方案。
>
> 这解释了为什么高效的决策者会有意忽略教科书中有关决策的理论,制造矛盾和分歧,而不是争取意见统一。
>
> 需要高管做的决定不是通过口头表决实现的,只能通过观点的碰撞、不同想法的交流,以及在多种不同判断中进行选择的前提下才能实现。决策的首要规则是,如果没有反对意见,就不能作出决策。
>
> 据称,阿尔弗雷德·斯隆曾在最高委员会的一场会议上说:"先生们,我想大家对目前的决定没有异议了。"在座的每个人都点头表示同意。斯隆继续说道:"那么我建议,我们将这个问题推到下一次会议再讨论,给大家一些时间想想反对意见,或许还能对决策内容有更深的了解。"
>
> 斯隆是一个"有直觉"的决策者。他始终强调有必要根据事实检验观点,并严格确保其他人不会从结论出发去寻找支持它的事实。他知道,正确的决定需要足够的分歧。
>
> ——彼得·德鲁克《卓有成效的管理者》(*The Effective Exectutive*)

06 打造顶层团队

问题5：碎片化明显

有些顶层团队只是徒有虚名，他们自称为二流董事长和首席执行官，对工作不上心。将一群人聚集在一起，这个不是团队。即使定期开会，负责相对独立领域的业务领导者仍然不会有团队的归属感，除非他们了解组织的整体目标并将它作为自己的目标，将自己视为利益相关方，并且知道自己负责的部门（无论多么重要和相对独立）与组织的其他部门存在互补性。

碎片化的表现包括各部门之间缺乏合作，无法共享信息，做决策时无视总体的战略方向，敷衍了事且常有人缺席顶层"团队"会议，各自为政和在为团队提供信息时搞特殊（排斥他人的意见，只关注特定的领域）。唯一关注整体而非部分的人是你自己。如果你喜欢玩心跳，记住这个公式：碎片化=住院。

当然，战略领导力在反方向上也会发挥作用。所有组织面对的首要问题是在各个部分和整体之间取得平衡。业务负责人应该既是部门领导，又是战略领导团队的成员，在你的带领下引导整体方向。顶层团队的碎片化暴露了你未能履行作为战略领导者的一项基本职能。

案例：如何维持顶层团队的忠诚

1758年9月29日，纳尔逊出生于诺福克郡的一个村镇。四十年后，他在尼罗河战役中摧毁了拿破仑的舰队，并扭转了英国在英法海战中的败局。1805年，他率领一支自给自足、参加长达两年海战的舰队横跨大西洋三千英里，回到了祖国。他在特拉法加海战中取得的胜利让这支海军舰队赢得了巨大的名声，使得百年之内无人敢对它提出挑战，因此奠定了大英帝国的基础。

纳尔逊毕生的朋友科林伍德（Collingwood）在提到他时写道："他拥有狂热者的激情，还有大自然毫不吝啬地赐予他的天赋，在他的领导下，一切都会好起来，就像魔法一般。但这是系统规划和精确计算的结果，与运气无关。"

纳尔逊最耀眼的才能在于懂得在战争中发挥领导作用。在加的斯指挥近海中队和在特内里费岛的惨败中，他表现出了勇气、活力和随时准备牺牲生命和名誉的决心，全力打击敌人——对手下来说是极好的榜样，也是信心的源泉。不仅如此，纳尔逊还指挥过特遣队，在尼罗河战役期间决定胜利的一战中，他是唯一的指挥官。

"在整个航行期间，"他手下的舰长贝里（Berry）写道，"只要天气和环境允许，他就会将舰长们召集到'先锋号'

战舰上,向他们详细介绍自己的各种战斗方案,包括在所有可行的位置发动袭击的最佳模式。"在八周的时间里,他将这些人组成了自己的兄弟团。海军上将霍恩(Hone)勋爵谈到这场胜利时对贝里说:"在这场无与伦比的战斗中,每位舰长都表现出了自己最出色的一面。"

换句话说,纳尔逊只给舰长们下达了最简单的指示,而在面对特殊情况时依靠他的兄弟团自行作出反应,效果非常好。例如,在尼罗河上,"歌利亚"号舰长弗利(Foley)看到法国舰船下锚的位置与海岸之间的浅滩深度刚好足够让英国舰队朝着陆面发起出其不意的袭击。正如美国海军上将马汉(Mahan)所说:"这完全符合纳尔逊广为人知的特点——在与舰长们探讨过所有可行的位置,并确保他们明白自己的意思后,纳尔逊会给予他们充分的信任,让他们自行确定行动细节。"他在著作《海上力量对法国大革命和帝国的影响》(*The Influence of Sea Power upon the French Revolution and Empire*)中将纳尔逊的领导风格传授给了未来的战略领导者。

你可能会说,纳尔逊与舰长们的讨论更多地侧重于战术而不是战略,但基本原则是不变的。你需要与业务负责人分享自己的战略构想和目标,让他们在获得机遇时担起责任,制定规划和开展行动。我所说的"担起责任"是指承担成功或失败、盈利或亏损的风险。

作为战略领导者，你可以通过与顶层团队开展讨论来降低风险，就像纳尔逊在自己的船舱内招待手下用餐时，与他们进行非正式的讨论一样。通过说出自己的想法，你可以向业务负责人传达你对他们的期望，包括哪些决定可以由他们自己做，哪些需要事先与你商讨。后者包括面对下行风险时应遵循的行动路线。

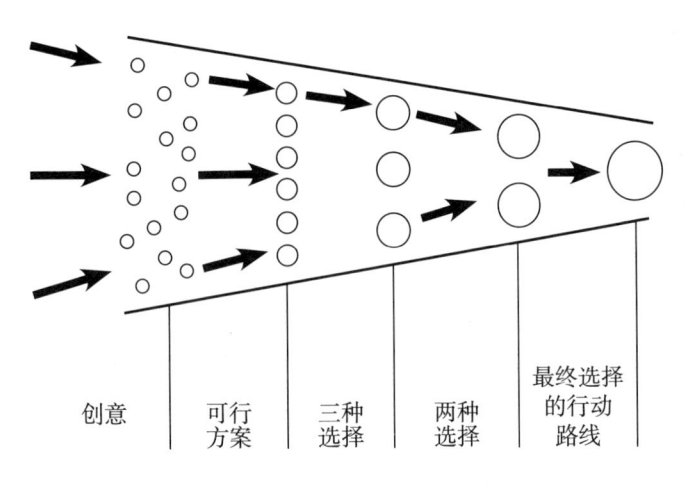

| 创意 | 可行方案 | 三种选择 | 两种选择 | 最终选择的行动路线 |

"捕虾篓"决策模型

接下来的旅程将是一场冒险。而且当你确保顶层团队不再惧怕失败时，他们将拓宽视野去探索所有可能性，从而作出更好的决策。上图的模型强调了创意的地位，只有不惧怕在决策中借鉴它的人才能看到。

06 打造顶层团队

■ 卓越团队的特征

面对前文介绍的多种复杂性、潜在问题和挑战,你如何提高自己团队的建设能力?答案很简单:在脑中描绘出清晰的优秀团队的概念。接下来,这个概念就会像自动驾驶仪一样指引你的一切言行,带你组建出一支真正优秀的团队。

伦敦的金匠公司负责鉴定金银制品的纯度,并在上面打上纯度印记。卓越的团队身上也有自己的印记,可以与低等团队区分开。

◎ 具有明确、现实和具有挑战性的目标

团队专注于必须完成的工作——具体分解为团队和个人的广泛而可行的目标。每个人都知道自己该做什么。

◎ 具有共同的目标

这并不意味着团队可以整齐地背诵使命宣言!这里的目标指的是能量和方向——工程师所谓的"向量"。它应该为整个团队注入活力。所有人共担责任、共享成果。

◎ 高效利用资源

一支高绩效的团队会出于战略考虑,为了整体利益进行资源分配。他们不会将组织的任何部分视为私有财产。资源包括人员和时间,而不仅仅是金钱和物质。

◎ 审查进度

优秀团队的一个特征是主动监督自己的进度，并在流程（如何一起工作）和任务（一起做什么）方面进行改进。

◎ 吸取经验

相互责备的文化环境会给团队造成伤害。人总会犯错，但是最大的错误就是为了避免犯错而什么都不做。优秀的团队会从失败中吸取教训，认识到我们从成功中什么也学不到，以及连续的成功只会滋生傲慢。

◎ 相互信任与支持

优秀的团队相信成员会为了完成共同的任务而不断努力。成员之间会相互表达赞赏和认可，发挥彼此的长处，掩盖彼此的弱点，给予高度的相互支持。团队氛围开放而互信。

◎ 愿意沟通

人们愿意彼此倾听意见，并借鉴彼此的成果。他们会进行开放、自由、讲究技巧（清晰、精练、简洁且注重方法）的沟通。他们不会回避问题和弱点，尊重他人的差异，知道何时表示支持和保持敏感，何时提出质疑和坚持己见。

◎ 能克服困难

在瞬息万变的时代，没有哪个组织能平稳地发展。当风暴和危机不可避免地出现时，优秀的团队将迎接挑战，展现自己卓越的价值和韧性。

06 打造顶层团队

如果团队具备这八种印记（排名不分先后），人们就会更加享受团队合作。他们会乐在其中，但能在优秀团队中工作是比较难得的，以至于这种乐趣在事后会转变为真金白银，获得持久的满足感。

▪ 本章要点：打造顶层团队

● 你的顶层团队包括哪些人？这取决于你自己的职责。你可能兼任董事会或理事会（战略和决策机构）的负责人和执行团队的领导者。战略领导职位也有可能一分为二。

● 这并不是什么新鲜事——斯巴达始终有两个国王，罗马共和国也有两位执政官。一方面，这有助于减轻工作负担并实现权力制衡。另一方面，单一的战略领导者能享受"统一指挥"的优势，在危机时期尤其有效。

● 在分权的情况下，建立真正互补与和谐的合作关系非常重要，这有助于确保两位领导者及其职责分工明确。两者之间一定会存在重叠，因此需要保持沟通。

● 组织接受高层的指令。如果董事会（或同等地位的组织）是一支和谐的团队，那么整个组织在意识和行动上就会更加协同。

● 作为战略领导者，你面临的一大挑战是确保顶层团队的能力与环境的复杂性相匹配,让组织的大船平安驶过汹涌的海面。

● 任何形态或结构的顶层团队都具备以下特点:

具有明确、现实和具有挑战性的目标

具有共同的目标

高效利用资源

审查进度

吸取经验

相互信任与支持

愿意沟通

能克服困难

你如何判断自己是否成功?当能量不断增强,以及你手下的个人和团队取得了明显的成就时。

——约翰·哈维-琼斯爵士

07

制定正确的战略

> 人皆知我所以胜之形,而莫知吾所以制胜之形。
>
> ——孙子(中国古代军事家)

作为战略领导者,你的首要责任是确保组织朝着正确的方向前进。这听起来很简单,但其实并不容易实现。什么是正确的战略方向?你如何确定这个方向?将它落到实处为何这么难?

我们可以将问题分为两部分:制定最佳策略和追求理想的结果。实际上,这两个部分是相互关联的,但我们有必要在思考时将它们分开,这就是我所说的战略思维。

我认为,将战略思维与战略规划进行区分很有必要。战略思维指的是在任何情况下(包括在你自己的生活中)思考更长远和更重要的目标,以及通向或不通向这个目标的道路。如果你找到了目标,并选出了最可行的道路,那么企业规划就可以付诸实施了。在战略思维未产生可行的结论之前做战略规划是很愚蠢的，但是相信我，这种情况很常见。

如果他们没有战略思维，你就无法教会他们战略性思考，因为它属于一种实践智慧，它既不是艺术，也不是科学方法或技能。因此本章的内容不会很多！我能做的只是消除关于战略思维的一些常见的误解。我必须承认，我自己也有一些误解。我只有通过习惯性地努力厘清思维才能找到自己潜意识中的隐藏假设。现在我的思路仍然没有完全清晰，但我可以与你分享一些我目前所学到的东西，这些帮助我提高了战略性思考的能力。

"但是你刚才说过，战略思维不是可以教会的知识。"

你不应该相信我所说的一切。或许我的意思是它无法被教会，但你可以学习如何做得更好。请记住，实践智慧包括学习能力，尤其是通过经验学习。

战略的发明

我想起来了，战略实际上是不存在的！别忘了，"战略"在古希腊语中的意思为总指挥官的全部能力，包括领导、管理和结盟，以及交战和部署战术的能力。它代表将军的思维，而除了开展军事行动，将军还有很多要考虑的问题。随着军队规模的扩大和战争的复杂化，"战略"一词被

07 制定正确的战略

引入,成了与"战术"相对应的新概念,但它的意思仍然指将军为取得胜利而采取的最佳方法。它不是一个独立存在的概念,你无法在书中或者在课堂上学到它。

亨利·约米尼(Henri Jomini)将军发表过一本作品,介绍指导拿破仑的战略思想和指挥作战方法(拿破仑毫不谦虚地表示自己有天赋)的原则。拿破仑读了这本书后心生警觉。他对朋友说:"这下敌人知道我的所有作战体系了。"但他迅速恢复了镇定,笑着说:"敌方年迈的将军永远不会读它,而读它的年轻人没有指挥权!"

亨利·约米尼和卡尔·冯·克劳塞维茨研究拿破仑的思维方式后总结出了"战争的原则"(来自克劳塞维茨发表的一篇文章,后来该文章扩展为《战争论》,其中介绍了指挥作战的所有技巧),包括一些战略思想,例如将决定性力量集中在关键点上。亚历山大大帝、汉尼拔或恺撒也可能想到了这一点,但他们没有提出战略。自诩为军事战略家的巴西尔·李德哈特(Basil Liddell Hart)爵士声称,他探索出了间接作战的战略。韦维尔将军向他指出,他还可以针对直接作战的战略写一本书。直接作战还是间接作战取决于具体情况。蒙哥马利将军没得选,只能在阿拉曼发动正面攻击。

如果你在军事领域找不到任何可称为"战略"的东西,那么商业领域最早的一批作家是从哪里借用这个概念的?你如果看过他们的书,就会发现他们的理解很混乱。

高效战略领导： EFFECTIVE STRATEGIC LEADERSHIP
让你的战略变为现实

首先是威廉·纽曼（William Newman）在《管理行为：组织与管理技巧》（*Administrative Action: The Techniques of Organization and Management*）一书中关于战略问题的讨论非常少，并将"战略"的概念定义为"根据可能受计划所影响的人的预期反应调整该计划"。这实在令人费解。

第一位认真探讨企业战略的作家是艾尔弗雷德·钱德勒。他在作品《美国企业的历史篇章》（*Chapters in the History of American Enterprise*）中首次研究了大公司如何在战后美国的新环境中进行扩张。他调研了九家创新地采用新型组织设计的公司，有些可以追溯到20世纪20年代，并重点介绍了其中四家——通用汽车公司、杜邦公司、标准石油公司和西尔斯公司。他指出，当公司制定和采用新的战略时，组织结构也相应地产生了变化。

这些巨头公司就像军队一样，其总部（军事用语）中均设有总参谋部。钱德勒指出，最高办公室应该有一位总管，负责监管战略规划，他将战略规划定义为"制定企业基本的长期目标、采取行动方针和分配实现这些目标所必需的资源"。钱德勒认同战略规划可以在组织的各个层面实施，但是他表示，分配资源应该是最高办公室的特权。该办公室由最高管理人员和专业人士组成，目的是"协调、评估和规划目标与政策，以及为相对独立的部门分配资源"，从而适应市场短期和长期的波动与发展。我们从这里不难看出战略规划的现代军事模式的影子——以两次世界大战中的德国总参谋部为例,但普遍存在于所有军队中。五角大楼也是该模式的一个代表。

早期的商业作家沉迷于战略规划的军事模式,几乎没有注意到战略思维的过程。战略规划是公司的产物,是最高办公室的新成果,在很大程度上证明了庞大的总参谋部的存在——壳牌公司甚至将高管餐厅称为"喧闹之地",并规定只有一定级别以上的人才可使用。同时,在俄罗斯,中央政府也在制定二十年、十年和五年计划,以及全国经济的总体目标。哈佛商学院教授肯尼斯·安德鲁斯(Kenneth Andrews)在颇有影响力的著作《公司战略的概念》(*The Concept of Corporate Strategy*)中介绍了这种有关战略规划(即公司战略)的传统观点。

> 公司战略是公司的决策模式,它确定并揭示了公司的长期和短期目标,为实现这些目标制定的主要政策和计划,并定义了公司追求的业务范围,它的经济或人力特征以及它打算为股东、雇员、客户和社群作出的经济和非经济贡献。

"决策模式"本质上就是一种规划,但安德鲁斯帮助人们理解和完善了任何规划之前的战略思考过程。他主张开展"SWOT"分析,即公司在制定战略之前应认真评估自己的优势(Strengths)、劣势(Weaknesses)、机遇(Opportunities)和威胁(Threats)。他还强调有必要结合不断变化的环境,使用现成的"PEST"(政治、经济、社会和技术)模型来思考明显的因素。这些因素现在被称为"工具",通常只用于脑力训练,是替代思考的手段而非强化思考的方法。最终,在商业领域,有关战略的讨论已被市场营销(推广和销售商品或服务的行为、业务或过程,包括市场研究、商品选择、定价和把控质量、打广告和发行)的概念所主导。当今的企业战略领导者并不缺乏有关采取哪种战略的建议(前提是他愿意为之付出成本)。市场日趋复杂(现在大多数企业面对的是全球市场),为管理顾问和商学院专家创造了另一个市场。后者往往会推销自己的战略意见,但这些意见都很简单——就像前文提到的狄奥尼索多斯,他们不会告诉你如何根据自己的实际情况调整他们提供的"战略";如果他们的方法无效,也不会退钱。前者(管理顾问)甚至会主动提出帮你进行战略思考,但战略思考有那么难吗?

07 制定正确的战略

■ 发挥战略思维

战略领导者的概念将我们带回了原始的"strategia"一词,它指的是领导的艺术。战略即处于领导地位的人所具备的思维,它所涉及的范围远远超过军事行动或营销策略领域。它是个人思维的产物,而不是总部人员的成果。因此,你需要知道如何从战略角度进行思考,这与组织制定长期和短期目标、分配资源和协调活动的流程不同,属于更高水平的规划。

将战略思维与战略规划区分开来是拓宽思路的第一步。下一步是摆脱多年的信念,即拥有战略思维非常困难和复杂,即使你具有超出平均水平的常识或实践智慧,它仍然超出了你的能力范围。实际上,你作为战略领导者所处的环境是复杂的,无论出于一般原因还是与我们自己的时代和年龄有关。但战略思维从来都很简单,复杂性更多地存在于执行层面,而不是概念层面。

有些人似乎拥有战略意识,其他人则没有。你实际上可以通过对"战略的"(strategic)这个形容词进行思考来提高自己的战略意识。在一般层面上,它包含两个要素:

重要性:首先要能够区分重要的、次要的和不重要的事。重要的事拥有较大的权重和影响力。它具有明显的价值,包括一般性的价值或对于特定关系的价值,它的存在本身就很有意义。

长期性:长期是多久?这要看具体情况。但是"战略的"意味着长期而非短期的眼光。实际上,战略性思考可以指为了长期利益而放弃短期利益。

任何具有实践智慧的人都倾向于在总体上培养战略意识。换句话说,通过思考和吸取经验,他们培养出一种观念,即一种战略思想的心理框架,这对于任何方面的工作所需要的战略思维而言是基础。这种观念在本质上回答了以下两个问题:该领域成功的重要条件是什么?哪些东西能够创造长期价值?

练习1:写出五点原则

拿出一张纸,写下你所在领域的任何人要带领组织走向成功都必须遵循的五点原则或要素。

目标和手段

战略通常定义为朝着具体目标开展认真规划的艺术或技

07 制定正确的战略

巧。一种理解战略思维的更简单的方法是将其视为"目标和手段关系"思维。

思维中存在几个基本关系。一个是因果关系,这是科学思维的核心。因果之间的关系不是强制性的,因为在任何时候、任何地方,原因必须先于结果。

手段与目标之间的关系有着类似的基本区分。战略思维是在手段与目标之间建立关系,但是所讨论的目标(无论是组织目标还是个人目标)都具有重要性和长期性。你或许正在考虑如何为晚上的宴会(目标)准备菜品(手段),但这不是战略性思考。

你可以看到很多作家用大量篇幅建议战略领导者制定清晰的目标——包括愿景、使命以及长期目标和短期目标。你可能还记得,"战争的原则"中第一条就是"制定和坚持目标"。但什么是目标?构成目标和手段的要素是什么?我们很难确定,因为一个思维层面上的目标到了下一个层面上就变成了手段。

以军事为例,如果你问起参加过战争的将军们,战争的目标是什么,他们会用一个词来回答:"胜利。"可以理解,如果你处于竞争环境中,就只有赢和输两种结果,而目的显然是获胜。很多企业高管也有同样的想法。他们会说:"我们处于竞争激烈的市场中。我们的目标是成为赢家,而不是失败和破产。"我们可以看到,商业战略理论完全专注于这

高效战略领导： *EFFECTIVE STRATEGIC LEADERSHIP*
让你的战略变为现实

一目标。

具有哲学思想的普鲁士前军官卡尔·冯·克劳塞维茨在理论性的长篇巨著《战争论》中提出了一条简单而具有开创性的原则。他宣称，战争永远是达到政治目标的手段。他说了一句著名的话：战争是通过其他手段实现的政治。

军事战略（目标和手段）与其上层政治的这种关系（使得军事行动仅仅成了实现政治目标的手段）对军事产生了深远的影响。正如我在第4章中所说的，战略指总指挥官的所有能力，同时也包括与政治官员密切合作的能力。各级军官都需要充分了解军事行动的政治原因，或者自己为什么收到了这样的指令。

克劳塞维茨关于战争的目标和手段的观点产生了深远的影响，这可以反映在陆军元帅阿兰布鲁克（Alanbrooke）对战略思维和规划的定义中。他在第二次世界大战大部分时间里担任丘吉尔的参谋长兼首席军事顾问。他认为战略的目标是：

> 制定有政治意义的目标，从中衍生出一系列必须实现的军事目标；根据自己的军事需求评估这些目标，以及得出实现每个目标所必需的前提条件；根据需求衡量可用资源和潜在资源，并据此安排重点工作，制订合理的行动方案。

07 制定正确的战略

在《审判的艺术》(*The Art of Judgment*)中,杰弗里·维克斯(Geoffrey Vickers)爵士提出了一个开创性的观点,即我们追求的所有目标都可以在关系的变化中体现出来。例如,如果你是罗马将军,那么打败敌人意味着你与被征服者建立了新的关系——主人和奴隶的关系。你掠夺的物品与土地使你拥有了财富,这些财富以上千种直接或微妙的方式改变了你与他人的关系,或者至少你会有这样的期待。胜利带来的名望还改变了你在罗马政府高层职位竞争者中的相对位置。

国际外交的目标是为了改善国家之间的关系并实现互利。如果我们称之为"和平"的关系(无论实际上多么混乱和动荡)消失了,政治目标就变成了恢复"和平",从而与临时的敌人维持良好的关系。

当然,战争是实现"更好的和平"的一种相当不完善的手段,尽管在某些情况下,这个最坏的选择成了不可或缺的途径。战争的本质在于激起更深的敌对情绪,加剧所有人潜在的侵略性,并为后代播下仇恨的种子。克劳塞维茨指出,政治家在战时采用的手段有其固有的逻辑,并可能向他们施加与最终的政治目标背道而驰的要求或条件。这种"反弹"因素在核时代尤为重要,它对国家之间开展常规大规模战争的可能性产生了一些影响,而且会波及全球,就像第二次世界大战一样。

高效战略领导：EFFECTIVE STRATEGIC LEADERSHIP
让你的战略变为现实

■ 案例：威廉·沃勒（William Waller）

大多数谋杀属于家庭事务，而内战就是一场谋杀案。但在英国内战期间，有一位将军始终牢记"更好的和平"愿景，他就是威廉·沃勒爵士，也是我的传记作品《圆颅党将军》（Roundhead General）的主人公。

沃勒是一位积极、大胆而英勇的将军，他先后指挥英格兰西部和南部的议会军队，参加过激烈的战斗、小规模冲突和对城镇的围攻。当他的老朋友拉尔夫·霍普顿（Ralph Hopton，敌方的保皇派将军）写信建议两人见面时，沃勒在回信中婉转地拒绝了他，并补充道：

> 那个伟大的上帝，我内心的探索者，知道我对于交战有多么悲伤，以及我有多么厌恶这场没有敌人的战争……我们都站在舞台上，在这场悲剧中扮演自己的角色。让我们以荣耀的方式，不掺杂任何个人仇恨地来完成任务吧。

沃勒赢得了随后的战斗。有位保皇党囚犯——一名年轻的中尉被俘时毫发无伤，但一个苏格兰职业军人残忍地向他开了两枪。沃勒看到时极为愤怒，立即派自己的医生为他疗

07 制定正确的战略

伤,在他的伤口被包扎好之前寸步不离。沃勒还出钱请了一位旅馆老板负责该中尉的住宿问题,同意派一个女人照顾他,最后还给了他钱用于个人消费。

沃勒并不需要克劳塞维茨告诉他,内战的目标在于政治而不是军事。他是国会议员,也是政府领导。尽管他在年轻时(与霍普顿一起)就有过军事经验,但他对于职业军人没有任何成见。

沃勒在战斗中也始终清楚,有一天英国人会再次和睦地生活在一起,因此作为理智的战略思想家,他有意避免任何可能加深而非治愈裂痕的行为。当克伦威尔(Cromwell)实施军事独裁时,沃勒被监禁了三年。获释后,他秘密地恢复了旧宪法秩序。沃勒在有生之年再次看到了"那时花园包围着塔楼,所有营地中开满了鲜花"的场景。

威廉·沃勒爵士的案例表明了时刻牢记目标的重要性。沃勒对受伤的中尉的优待不仅体现了人文关怀,而且具有战略意义。这彰显了沃勒有意采取的一种手段——关怀和善待俘虏,直接或间接地为实现他的目标作出了贡献,即恢复真正的和平。

战略思维的首要原则就是明确最终目标。你想取得什么结果?越具体越好。你要实现什么目标?

▎提高思维高度

矛盾的是,你无法真正理解自己的目标,除非你将它看作是实现另一个更高目标的手段。因此,你要提高思维高度。

你可以通过回答"为什么"的问题来确定下一个高度。这个问题可以从两个方面回答。一个与因果关系有关。"我为什么要写这本书?因为有人一年前就让我写了。"过去发生的事情可以解释目前的活动。

另一个与相关领域中目标和手段关系有关。"我为什么要写这本书?为了帮助读者们更高效地担任战略领导者。"这里的方向是面向未来。从我写下本页的内容,到读者读到它,至少已经过去两年了。

▎练习2:为了……

为自己制定未来十二个月的目标,并写在纸上。在下面写出这句话:我希望完成这个目标,是为了……

你在目标与手段关系方面思考的为什么越多,你的思维层次就越高,你的答案也会越笼统或抽象。到了某一点时

07 制定正确的战略

（宜早不宜迟！），你会灵光一闪。除非你要成为一名哲学家，否则我们接受的很多东西本身就是目标。它们自己就在不断演变，而将它们作为实现其他目标的手段无法加深你的理解。你每天散步是一种手段，目标是保持健康，但你可以继续思考为什么要保持健康？我们都赞同，健康本身就是一种目的，它具有一种不言而喻的积极的价值。

因此，你选择从什么位置开始着手，便会从哪里开始追求目标。例如，对于将军来说，他的政治目标可能比他所处的位置高出了很多层次，因为军人才是他的实际职业。

企业战略领导者应该以什么为目标？从一个高度来看，目标很清楚，企业显然会以盈利为目的生产和销售商品与服务（现统称为产品）。在资本主义经济中，无法盈利的企业迟早会倒闭。而在自由社会中，企业有较大的自治权，可以全力以赴地追求目标，只有在法律要求保护员工、投资者、消费者和环境时才会受到限制，这些是企业战略领导者都会面临的复杂性。

尽管一个思想流派强调利润，另一个更重视产品价值，但这两者对于企业领导者都具有重要的战略意义。下一个高度的最终目标（除了为盈利而生产和销售产品）是为国家创造财富，这是打造更好的全球社会目标中一项关键内容，但不是唯一的。

商业目标

现代资本主义的奠基者阿尔弗雷德·斯隆在自传《我在通用汽车的那些年》中对利润动机及其作用给出了经典的定义。

他写道:"我们认为,资本投资的首要目的是建立一家能够产生令人满意的股息,并维持和增加其资本价值的企业。因此我们宣布,公司的主要目标是赚钱,而不仅仅是制造汽车。"

所以说,商业的目标就是赚钱。但是斯隆在这里谈论的只是一个高度上的思维,就像将军认为军事行动的目标是获得胜利一样。然而,对他非常了解的彼得·德鲁克告诉我:

> 斯隆有一定的局限性。他完全处于公司内部,因此视野是受限的。在《我在通用汽车的那些年》这本书里,斯隆几乎没有提及政治,也没有谈到"新政",即当时的主流社会政策。他对于企业和社会的关系毫无概念。他于1876年出生,本质上是属于19世纪的人。他在工作中非常冷漠,但却是一个热爱孩子和家庭的人。他极为重视工作中的安全性。同时,他也非常慷慨大度,把自己所有的钱都捐出去了。

07 制定正确的战略

斯隆所缺乏的概念是，正如战争（克劳塞维茨是第一个阐明战争概念的人）是实现政治目标的一种手段，商业也是实现社会目标的一种手段。如果将商业作为实现政治目标（共产主义、社会主义或资本主义）的手段，就会给经济造成灾难，因为商业（与战争一样）有其固有的内在逻辑，如果要求它履行社会职能，就必须尊重它的逻辑。

一位清楚地认识到企业的社会目标的战略领导者是松下幸之助。他于1894年出生，是八个孩子中最小的一个，他与全家人住在日本大阪附近，从事农耕活动，属于小康阶层。他的父亲投机大米市场失败，导致家庭陷入贫困，因此9岁的松下幸之助被送去大阪当学徒。他首先去了一家自行车店，然后加入了大阪电气公司，很快升任检查员。但是在23岁那年，他决定自己开公司。1918年，他与妻子和小舅子一起创立了自己的公司——松下电器。

在具有强烈的敏锐性和号召力的松下幸之助的领导下，公司从底层开始做起，逐渐成长为拥有20多万名员工的国际化公司。松下幸之助先后担任公司总裁、董事会主席和执行顾问，直到1989年去世，享年94岁。

由于松下幸之助的经营理念深深根植于他对别人的关心和自己的经历，因此在日本产生了很大的影响，特别是对小型企业。他的观点非常受欢迎，使他赢得了"经营之神"的称号。

松下幸之助很清楚，各种规模的公司都属于公共机构。尽管公司可以合法地私有化，但它们对社会资金、土地和人员的使用导致它们实际上仍然是需要履行社会义务的公共实体。如果管理者和员工能够认识到公司的运营不是为了私人利益，而是为了改善社会上每个人（包括企业员工）的生活，他们将具有更强烈的使命感，这将使公司更强大。

人们往往会将美国和日本看作是商业领域的两个极端代表（其他亚洲国家和欧洲介于中间）。但归根结底，西方也会有一些企业领导者认为创造利润不是唯一的目的。例如，亨利·福特（Henry Ford，你或许认为他是残酷的资本主义家的代表）曾宣称："只知道赚钱的企业不是好的企业。"

商业目标可以被看作是社会目标，但我们没有必要再给它下一个笼统的定义。具体一家企业如何成为实现社会目标的手段取决于不断变化的环境，这与将军在战争中会面临多样化的环境一样。但是，清晰地看到下一个高度的目标确实可以使战略领导者更好地平衡企业中各个利益相关者的利益，包括股东、员工、客户、供应商、退休人员、当地社群和政府（由社群选举出的领导人）。

一家跨国公司的首席执行官曾对我说："服务意识很重要。它是领导力各个层面最不可或缺的东西。企业的服务对象有很多，包括客户和股东。真正的领导力是一个人可以提供的最优质的服务。我的工作是启发组织人员认识到我们可

07 制定正确的战略

以做到多好,而不是现在有多优秀。"

■ 创造性的战略思维

进行战略性思考的一种方法是确定重要的长期目标,然后运用资源、能力、时间和精力等去实现目标,并取得预期的结果。你会发现,完成中间的各个小目标证明你已经从战略思维转向了战略规划。

但是,这里存在一种创造性的选择。原因必须先于结果,但没有类似的逻辑表明目标必须先于手段。通过创造性地思考你的资源和能力(不仅要发挥自己的想象力,还要运用组织中其他人的想象力),你可以根据已经掌握的手段制定新的中间目标。但是该过程确实需要一定的创造性思维。

在商业环境中,一个典型的例子是利用现有资源开发新产品,这些产品具有战略性意义,因为它们可以为整个企业创造重要的长期价值。有时候,它们也可以孵化为独立的产品和利润。

> **迪士尼人物的新功能**
>
> 沃尔特·迪士尼（Walt Disney）能够创造迪士尼乐园，是源于他带着女儿们去游乐园的经历。他看到公园里又脏又乱，到处都是垃圾，工作人员相当不友好，家长们也百无聊赖。此外，他还在参观好莱坞的时候就觉察到了游客的需求。于是，1948年，他在备忘录中写出了暂时称为"米老鼠公园"的规划方案：
>
> 主村庄，包括火车站，围绕着一个绿色休闲的公园而建。公园内应设有长椅、乐队演奏台、饮水池，树木和灌木丛。大人们可以在这里坐下休息，可以看着孩子们玩耍。我希望这是一个非常放松、凉爽和引人入胜的场所。
>
> 迪士尼利用电影中展现的迪士尼人物和奇幻世界，想出了一个新的可以盈利的目标——吸引人们参观迪士尼主题公园。
>
> ——J. A. 康格尔《有人格魅力的领导者》（J. A. Conger, *The Charismatic Leader*）和B.托马斯《沃尔特·迪士尼》（B. Thomas, *Walt Disney*）

凭借创造性的战略思维，你有必要充分发挥组织的"集体智慧"，而不仅限于那些担任业务部门或团队领导职务的人。你可以充分利用互联网或企业内网系统。正如一位高管

07 制定正确的战略

所说:"信息技术很棒,因为它没有正式的架构,但可以实现丰富的交流。"他担任首席执行官后告诉我,他请公司中的每个人向他发送电子邮件,针对公司应该如何制定战略才能恢复之前的行业地位提供建议。各个级别和部门的员工提供了大量建议,导致他不得不放弃亲自回复每个人的打算,不过他承诺会亲自阅读每一封邮件。

保持灵活的必要性

仅仅拥有愿景(清楚地看到目标或预期结果)是不够的。你必须将其具体表述为长期目标和中期目标、战略选择、详细规划、行动计划和确保愿景(为组织的各层级人员所认同)变为现实的打算。

每个组织的战略规划流程各不相同。在大型跨国公司中,它仍然是一个非常复杂且耗时的过程,各个级别的管理者都要参与进来。

对于当今的战略领导者而言,最好的做法是将这一过程尽量委派给业务领导——组成整体的主要部分的负责人。你要成为设计师,而不是建筑师,要经常将战略方向以几个大目标的形式写在一张纸上;鼓励组织中级别较低的员工提出其他目标建议,并让他们知道,在执行的过程中仍然可以提出更多意见。

大目标的作用在于明确组织的战略方向，帮助业务领导沿着这条道路制定自己的规划和目标，并提出其他建议。约翰·哈维-琼斯爵士曾经称它们为针对具体部门的简单指示，可以给具有愿景、实践智慧和开创精神的业务领导提供他们所需的所有焦点。如果他们无法将乐谱转换成美妙的音乐，就没有资格指挥弦乐队或管乐队。

实际上，制定过于复杂的战略规划不是好的做法，因为它违反了灵活性原则。给你们讲个故事：

> 冯·施利芬（Von Schlieffen）是普鲁士军队总参谋长，于1913年去世，但他的继任者修订并更新了以他的名字命名的计划，并继续实施。这是一项精心设计的计划，借助铁路网络调动和部署大军对付法国和俄罗斯。原本的计划是发动闪电战，穿过中立的比利时首先打击法国，冲破它的马奇诺防线；然后利用火车运送增援部队，对俄罗斯发起决定性的攻击。但是在1914年，德国独裁者威廉二世（Wilhelm Ⅱ）决定只对俄国发动战争，不想进攻法国及其盟友英国。而普鲁士总参谋长冯·毛奇（Von Moltke）表示，现在改变作战计划已经来不及了，所有铁路时间表都确定好了，要么同时进攻法国和俄罗斯，要么按兵不动。威廉二世最终屈服了。

07 制定正确的战略

到了1918年,普鲁士有2000多万人失去了生命。

施利芬计划的问题在于缺乏灵活性。战略是思想的产物,一旦体现为一种规划,就如同任何其他艺术作品(例如书、诗歌或乐谱)一样,可以脱离它的创造者而独立存在。如果战略思维的束缚被切断,战略规划可能很快就会过时,或者不再适用。

一位著名的将军曾说过:"规划是改变主意的非常好的理由。"战略规划必须保持简单,这样就更容易根据具体情况进行修改。另外,如果出现明显的紧急情况(可能在规划好的行动路线或可预测的情况中发生),应将它们纳入到规划中。对于不可预见的意外事件,确保自己留有后手,就像明智的将军会在第一次作战时将一些队伍留在后方一样。如果规划本身由于不可预见的原因无法实施,那么你应该准备好启用后备计划。

灵活性从思考开始。它应该成为你战略思维的特点,而不仅是制定规划时开展的下游活动。你还要在保持灵活性与不轻易放弃深思熟虑的规划或行动方案之间取得平衡。它需要你作出判断。但是要记住,灵活性在本质上与手段有关,与目标无关。中国有句话:"不管黑猫白猫,能捉老鼠的就是好猫。"

有些人将灵活性与软弱混为一谈。有一种传统强调个体

高效战略领导： EFFECTIVE STRATEGIC LEADERSHIP
让你的战略变为现实

领导者的力量和坚强的意志。这种观点认为，强大的领导者在方向改变后仍会毫不犹豫地坚持自己的路线，否则就会被人看作是软弱的。即使被迫改变路线，强大的领导者也会予以否认，因为担心别人会指责他太软弱。但是这种想法暴露了他们对力量的误解。灵活性与坚定性是可以并存的。

斯利姆元帅在发表关于领导力的演讲时强调，头脑的灵活性对领导力来说越来越重要。他说道：

> 我们发现，这种情况在陆军中体现得极为明显，因为物质和科学领域已经取得了巨大进步。一旦你走上指挥的位置，就会发现自己被新的不断变化的因素所包围。昨天正确的东西到了今天可能就是错了，科学发明、新的流程或政治变革可能在一夜之间发生，你必须相应地调整自己和组织。毕竟，只有有机体才能适应不断变化的环境并生存下来。头脑的灵活性越来越重要。领导者一次次地陷入灵活思维与坚定意志的冲突中。我知道一些人在很多方面都是非常出色的指挥官（我曾在他们手下服役），拥有坚强的意志，但有时会改变自己的想法，或接受外界的意见（无论是来自上级还是下级）。他们的头脑非常灵活，与最后一个人交谈时也会采纳他的观点。你必须在头脑的灵活性和意志力之间保持平衡，注意自己的意志力不会变成固执己见，灵活性

07 制定正确的战略

也不会变成摇摆不定。每个人都必须找到平衡点。记住：如果你始终告诉自己，你是个坚强的人，最好认真看看自己，问题也就出现了。

日本管理风格的一大优势在于鼓励全面和长远的思考，以及采取高度灵活的手段。西方的管理风格往往将决定作为固定的，一锤定音；而东方哲学传统则要求个人适应不断发展的形势。确实，面对障碍，日本人经常认为最好的解决方案是绕过它，开辟一条刚好可以通过的路，然后让事情顺其自然地发展。

然而重要的是，战略规划不应过于形式化或过于幼稚。它必须明显地体现出有效性和具体性，足以要求采取某些行动，同时排除其他行动。

■ 本章要点：制定正确的战略

- 战略最初是一个军事概念，后来转移到商业领域乃至更广泛的组织生活中，但人们对它产生了很多误解。
- 战略指的是领导的艺术。从狭义上讲，它代表战略领导者的思维，包括领导者的所有方面职责。它要求高于平均水平的实践智慧——智力、经验和善意，因此无法像科学或技能一样传授。但是它与任何艺术一样，天资聪颖的人都能学会。

◉ 战略思维应与战略规划区分开。前者在本质上是一种目标和手段关系（与因果关系相反）。它与日常意义上的目标和手段关系（"我要乘火车还是坐飞机去巴黎？"）唯一的不同在于，目标是否具有重要性和长期性。

◉ 战略并不是一个可以通过学习获得，并在一般情况下使用的东西。但是在任何领域中都有值得学习的战略思想，以及有关如何运用这些战略的历史研究。

◉ 有一些战略思想只是跟随潮流，而另一些则经受住了时间的考验，并成了相关领域中的原则。明智的战略领导者通常都有一套思想体系，帮助他们在非常复杂的形势中快速找出要领。他们知道应该问哪些简单的问题。

◉ 你应该能够从战略目标出发，将思维高度提高一个层面。例如，将军们追求的军事目标是实现政治目标的手段。商业领导者所追求的目标（增加利润等）是实现社会目标的手段。

◉ 手段可以看作是创新的资源和能力，可以带来新的目标。在这种创造性的战略思维中，重要的是让所有组织成员（不仅是高管）都开展创造性和战略性思考。

◉ 战略思维会发展为战略规划。在公司层面，关键步骤是确定并传达简短的指令，然后开展自上而下和自下而上的双向交流，从而制定出实际的战略规划。

- ⦿ 规划是一个过程，而不是目标。黄金法则是保持头脑的灵活性，从而确保你在制定规划后还可以调整，同时不影响进展。
- ⦿ 因此，最好尽量保持规划的简单。前进的方向一定要明确。复杂的规划很难在短时间内更改。你要将自己作为设计师，而不是建筑师。
- ⦿ 你的基本职能是与他人一起确定组织的发展方向。战略思维的衡量标准在于它是否会影响人们思考工作的方式。

> 远见就是看到不易觉察事物的能力。
> ——乔纳森·斯威夫特（Jonathan Swift，爱尔兰作家）

---

08 变革组织文化

> 开展变革是领导力的核心,比别人先开展变革才是创造性领导力。
>
> ——奥德威·狄德(美国作家、教育家)

组织文化具有重要的战略意义,部分原因在于目标本身也是实现另一个目标(实现总体成功的战略)的手段。可以肯定的是,它必须要改变,因为静止不变的文化毫无生命力。

然而,变革是一个非常广泛的概念。它包含任何变化,无论会产生表面上还是本质上的影响。它用一个词概括了用一件事代替另一件事,以及一些非常琐碎的变动。的确,任何变化的过程,都可以表示为变革。

前一百天过去之后,你对于在哪些方面开展变革已经有了很好的计划。商业组织的变革对象可能包括调整产品和营销策略,平衡部分和整体的组织关系,以及调整顶层团队

08 变革组织文化

的构成。但是,作为新来的人,你或许感觉有必要开展更深层次的变革,改变"我们做事的方式",乃至组织的思维方式。你现在处于组织文化的边界,这里可能还立着"不得入内"的标牌。

我在前文将组织与个人进行了比较。每个组织都有一套普遍的需求(任务、团队和个人),我在过去五十年中探索并发现了它们的特点和相互作用。组织还有自己的独特性,即一种企业身份,通常通过它可以追溯到企业的创始人,它与个人的DNA或指纹一样是独一无二的。

约翰·刘易斯合伙公司仍然遵循其创始人约翰·斯皮登·刘易斯(John Speedon Lewis)的基本价值观。麦当劳的经营以雷蒙·克罗克(Raymond Kroc)明确提出的价值观为基础。山姆·沃尔顿(Sam Walton)将沃尔玛从一家折扣店打造成为全球最大的零售商,他的价值观仍然主导着企业:节俭、事必躬亲、物有所值以及肯定员工的奉献——"如果你希望店员认真服务客户,就必须确保店员得到了照顾。这是沃尔玛成功的最重要的因素"。

你是否尝试过改变自己的脾气或性格?如果是,你会发现自己做不到。脾气秉性可以控制或调整,但本质上并不能改变。你就是你自己,这一点永远无法改变。

但是对于组织来说,它与个人的相似性在这里就消失了。这里更好的比较对象是家族。尽管一些基因被传承下来,但每一代人都是不同的。家族中近亲繁殖的情况越少,遗传变异就越大。家族的相似性可能会延续,至少会从父辈到下一代,但信仰、态度和价值观在两代人之间有可能产生巨大的变化。我们所谓的家族文化或许具有某种连续性,但它也会发生变化。

文化背后的隐喻与农业有关,指的是准备或开始耕地和种植农作物。从这个方面看,它指的是开发智力和道德素质,尤其是指通过教育完善自己的行为。从广义上讲,它也适用于文明的特定发展阶段。我们用它泛指组织、团队的行为。实际上,文化比行为更广泛,它包括一个社会或团队的独特习俗、成就、产品、预期、价值观和信仰。

再回到农业的隐喻上来,你可以将组织想象为一片农田,稻谷和杂草在里面生长。变革文化的方法是种下稻谷并助其生长,同时除掉杂草。当你负责掌管一个组织时,你可能会发现组织文化中存在"杂草",需要立刻除掉,否则在危机时期它可能会危及组织的生存。

什么是价值观

从前文提供的案例看,蒙哥马利元帅改善了组织文化的一个方面,即他所说的气氛。可以换个说法,我们将它称为士气,即军队面对任务的态度。士气会像天气一样波动,一位高效的战略领导者会知道如何恢复和建立士气。

作为战略领导者,你拥有的一种工具是价值观。价值最早是一个市场概念,指的是公平或令人满意的等价交换与回报。另外,价值代表着个人、群体或组织的原则或道德标准:哪些东西是有价值的或重要的。这些东西是支配行为的基本信仰和观念。

价值观是抽象的——你看不到它们,甚至以为它们不存在。

人们信奉的价值观和真实的价值观之间一定存在着一定区别。个人或组织也许会将价值观表现为信仰,但没有落实到行动中。实际行为与信奉的价值观不符。正如诗人艾略特(T. S. Eliot)所写:"思想与现实之间有一片阴影。"

理论与实践之间的差异不应该被轻描淡写地解释为虚伪,虽然看起来很像是这样。虚伪是罪恶从美德那里偷来的,用于掩盖自己真实本性的长袍。个人或组织面临的考验是,当虚伪被揭露时,他们应该采取什么行动。正直的人会承认错误并纠正错误。

除了作为评估我们自己和他人行为的标准和准则,价值观还有助于激发或阻止某些行为。此外,人与人之间的共同价值观能形成持久的纽带,将人们团结成团队和社群。这些价值观在共同的生活中有很多表现方式:政治、社会、经济和传统、习俗、惯例、法律等。因此,价值观是我们彼此之间形成关系的基础。

几乎所有东西都可以用价值观来表达。例如,组织中各个部分和整体之间的关系——分权与集权,可以反映出自由和秩序的价值观。

思考价值观的一个好处是它有助于简化生活的复杂性。希腊人会在复杂性中探索简单而普遍性的东西——探索自然的元素表明了这种趋势。他们认为自然界有四大元素——土、火、空气和水,但是我们知道,自然界的元素不少于一百种。但是希腊人最先引入了元素这个关键概念。在价值领域,我们今天知道的一些元素或基本价值观是由希腊人确认和命名的,尤其是真、善、美这三大崇高的美德。

这些基本价值观及其相互关系属于形而上学的问题。战略领导者要务实。对于领导者而言,价值观最重要的是在个人和公司的生活中起到北斗星的作用,它与我们从地图或一套规则中判断出的方向存在质的区别。我们可以有意或无意地通过价值观,来指导自己的人生。

▪ 利用愿景和价值观提供方向

价值观是一个不需要明确定义,就可以在日常生活中

08 变革组织文化

发挥良好作用的概念,因为我们都理解它的意思。但是如果你认为有必要对文化进行重大变革,就必须审视组织的价值观。或者更确切地说,请组织内的其他人这样做。你要思考两个问题:

现在的价值观是什么?
X年后我们应该遵循什么样的价值观?

(X的值取决于多种因素,例如危机的程度,组织的规模和历史等。从文化变革的角度出发,它必须与现实拉开距离,但又不能太远,不能失去真实性、激励性和挑战性。)

现在有了电子邮件,技术使组织中的每个人都有机会参与讨论。你应该亲自引导董事会和高管进行这些问题的讨论,并期望业务负责人引导高层团队的讨论。

你应找出主导当前文化、精确反映组织的潜在价值的十大特征,还应列出未来的组织应具备的十大特征,这是所有员工(不仅仅是领导者)实践智慧的结晶,他们拥有的实践智慧远比所谓的战略领导者想象中的更多。管理者经常忽略这种资源,结果给自己造成了损失。

你和同事们在对比上述两个十大特征时,可能会注意到有一些共同的特征,例如出色的能力带来的声誉。这些特征或价值观就像一条完整的项链上的珍珠。其他特征,例如过度谨慎、保守等都神秘地消失了。但是，你如何用新的价值观、行为和态度，例如大胆而审慎的开拓精神，或积极的变革意愿，代替这些早已过时且应该消除的特征？

你的面前有三条开放的道路，每一条都需要遵循：以身作则、沟通和变革制度。我们依次来讨论。

如果你按照我在本书中提出的方法进行了练习，那么你不仅已经开始了这一过程，而且还具备了对变革同样重要的承诺。下一步要做的是写出未来组织的愿景以及价值观，并传达给整个组织。

你可以借鉴常识，但不要抱太大的希望。首先，你写下的只是现在的想法，它还会进一步演变和更改。其次，真正将愿景和价值观写下来的人会获得极大的收益，因为写作离不开思考。拿到一份文件，认真研读它，甚至大声读出来，这个过程不一定会激发思考。许多组织的"使命宣言"都会被锁在柜子里，逐渐就被人遗忘了。你如何将愿景和价值观写进人们的心里？

假如你的一项战略是将愿景和价值观落实到纸面，这也是需要技巧的。以下是一些原则：

◎ 使命宣言应简短而具体。理想情况下应不超过一页纸。简练的内容更容易传达给各种各样的人。一页纸可以轻松地塞进公司报告中，或者装进衣服口袋里。

08 变革组织文化

◎ 它必须包含明确的愿景，即未来要创建哪种类型的组织。在页面开头用简短而清晰的语句概括组织的本质。

◎ 对于未来组织的统一愿景应该富有创造性和激励性，并且可以实现，这样才能吸引所有组织成员加入。梦想不属于其中。

◎ 进一步详细介绍如何实现这个愿景。其中应包括一些广泛的战略方向，例如定义公司将要从事（不一定是已经从事）的业务。

◎ 使命宣言的主体内容里应始终有一个部分阐明道德或价值观，指导组织的未来方向。

你会发现自己在有效阐述愿景和价值观时运用到了战略思维。其原因在于，从广义上讲，目标和组织是不可分离的。组织的未来愿景和关键价值观一旦确立，就会与组织的核心目标和战略紧密交织在一起，从而能更有效地实现目标和战略。使命宣言中列出的每个价值观或特征都应符合组织存在的原则，及其想要取得的行业地位的愿景。在创造更好的组织方面，某些价值，例如个人或环境的价值，可以同时成为目标和实现目标的手段。

松下幸之助的经历印证了这种观点。他的管理哲学中的一项主要内容是制定合理的领导愿景，包括广泛的方向和价值观。人力、技术、资金、工厂和设备都是管理的重要内容，但在松下幸之助看来，更重要的是高管为公司制定合理的目标和理念，并确保所有员工都充分了解并接受这些目标和理念。这种管理哲学是其他所有要素发挥作用的基础。

日本成功的关键是"利用集体智慧实行管理"。松下幸之助和同时期的索尼、丰田和三菱等公司的领导者认为，无论管理者多么优秀，他的知识和能力都是有限的。让所有员工积极参与管理，自由地表达自己的想法和创意，是公司发展的关键因素。

为了让所有人全身心地投入进来，共同实现公司愿景，大多数日本公司要么具备"shaze"，要么具备"shakun"，或者两者兼有。"sha"代表"公司"，"ze"指正确或正当的东西，"kun"表示"行为规范"。因此，"shaze"代表着精练的使命宣言，是用响亮的声音和正式的语言阐述的公司理想和原则；"shakun"代表着相同的意思，但它倾向于使用日常语言表达。

使命宣言的原稿通常用毛笔书法写成，装裱后挂在总裁办公室或董事会会议室。有些日本公司仍然会在每天早晨上班前统一背诵"shaze"或"shakun"，激励人们开启一周甚至一天的工作。背诵它只需要花费几分钟，但有助于激发整个团队的工作精神和思维。

08 变革组织文化

■ 践行组织愿景

以身作则是任何级别的领导者都必须做的事,所以本书中的每一章都提到了这个概念。我再说一遍:仅仅将一张印有公司愿景和价值观的纸发下去,这是不够的,你和其他承担领导职责的人还必须亲自践行这些愿景和价值观。这并不代表你应该保持完美——人都有缺点,这是不可避免的。但是你要承认有些行为达不到你明确写在公司墙上的标准,你要对此作出修改。你只有以身作则地践行你和顶层团队对其他人的期望,才能让这些人真正理解新的命令,而不只是阅读表面文字。

同时,还要确保组织选拔和培训人员、制定目标和评估员工绩效的制度有助于强化和传达组织愿景和价值观。如果你的组织奖励过度谨慎的人,就不要指望他们能变得更加大胆和具有创意。如果组织制度要求将犯错的人开除,就不会有人敢出头。

如果没有个性,组织就不会有创造力,而创造力正是在秩序的框架内允许人们享受自由的要素。"离经叛道"——明显偏离集体标准、既定方式、约束大多数人的观念和假设,往往是发挥创造力的必要条件(但不是充分条件,因为它具有破坏性和反社会性,但不具有建设性)。

保持合适的变革节奏

如果组织文化不利于变革,那么变革组织文化将是一个非常缓慢的过程。人们会暗中表示反对:"有必要作出改变吗?"当然,如果组织最终到了不得不改变的时候,变革过程就会很暴力,而且会引发更多抱怨。当人们真正感到恐慌时,他们对变革的态度会突然从"死也不同意"转变为"我们通宵完成吧"。

亚伯拉罕·林肯经常讲一个故事:一只青蛙掉进了泥泞的车辙深处,几天后,它还在那儿。朋友们找到了它,催促它尽快摆脱困境。它努力尝试了几次,但仍然没能跳出来。

在接下来的几天里,朋友们不断鼓励它再加把劲儿,但最终放弃了,它们回到了池塘。

有一天,它们看到这只青蛙在池塘边惬意地晒着太阳。

"你是怎么跳出来的?"朋友们问道。

"这个吧,你知道,"青蛙说,"我本来是跳不出来的,但是一辆马车驶过来了,我不得不跳出来。"

林肯口中的这只小青蛙的问题在于,无限的拖延最终使它只剩下了一个选择。一个普遍原则是,组织越早开展变革——不要拖到被迫改变的时候,它面临的选择就越多。变革在本质上不是强制性的,而是主动开展的,旨在确保较大

08 变革组织文化

的优势。

通过提前开展变革,你将获得很大的优势。任何领域中的大多数组织都有从众的本能:他们会抱团,只有在追逐潮流或落在后面时才会作出改变。各个领域中处于领先地位的组织都是开创者,它们会在被迫作出改变或不得不与其他组织争夺利益之前率先开展变革。将变革掌握在自己手里,在被它扼住喉咙拖向任何地方之前主动引导它,这是最好的办法。

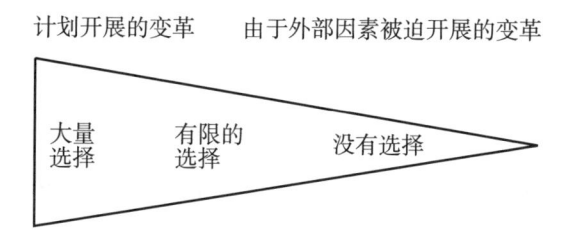

计划开展的变革　　由于外部因素被迫开展的变革

大量选择　　有限的选择　　没有选择

积极主动	紧迫感	消极被动
良好的沟通	必须挑选出重点工作,无法按照自己的意愿开展所有的必要工作	"努力追赶"
积极参与	努力追赶竞争对手	同时开展太多工作
提供新方法的培训	步他人的后尘	落后于竞争对手

（续表）

积极主动	紧迫感	消极被动
预测客户需求		面对危机时制定短期决策，且频繁更改
在竞争中保持领先优势		

计划内的变革与外部因素导致的变革

你在沟通中应该强调的重点问题是尽早开展变革的必要性，以及根据愿景和价值观来看，哪些变革是必须开展或可取的。

像蒙哥马利在阿拉曼一样站起来发表讲话，在纸上写下简短的宣言，与团队进行非正式对话，与个人交谈——这些都是"真相时刻"，你可以传达自己的想法，同时聆听别人的意见，这是整个沟通策略的一项内容。

人们存在普遍的误解，认为可以通过视频或电话传达组织的大目标、价值观或理想。研究表明，这种电信手段效果并不好，只能作为备用手段。在变革组织文化的过程中，面对面的沟通（尤其是小组交流）一定不能放弃。

从管理者到业务负责人的转变是成功实现组织变革的核心——没有例外。除了遵循所有人（包括高管）为之努力的愿景和价值观，没有其他方法可以领导一家全球性组织。自

08 变革组织文化

律是调和明显对立的两个要素——秩序和自由的唯一方法。如果我能自愿地接受秩序,我就是自由的。向一个人提出愿景和价值观,让他在理智上接受、在情感上产生共鸣,这是提供战略方向的最佳方法。

"人们认为我是一个无处不在的巨人,"一位首席执行官对我说,"事实并非如此。我只是让数百名高管了解和接受了公司的价值观。这在招聘和提拔人才方面同样重要。我必须说服他们成为业务领导者。在我们这个行业中,聪明的人有很多,你必须将他们招进自己的公司,赋予他们使命,然后调动他们的工作热情。

"每个组织都需要价值观,"他继续说道,"精益组织更需要它。当你剥离员工和层级的支持体系时,人们需要改变自己的习惯和期望,否则只会被压力击垮……价值观是引导人们平稳度过变革时期的要素。"

本章要点:变革组织文化

● 很少有战略领导者不会遇到可能改变其所领导的组织文化的挑战。文化与结构不同,后者改变起来相对容易。文化包括每个组织所独有的更深层次的假设、信念、态度、习惯和传统模式。

● 价值观的概念大约在五十年前取代了理想，得到广泛使用。它是表达一种文化的有效途径。"机构是一个人投下的长长的影子。"爱默生（Emerson）说。价值观通常代表组织创始人的文化基因。

● 开启或推进公司变革的一种有效方法是写出代表组织目前的十大特征，然后再写出X年后组织应该具备的十大特征。同时出现在两个列表中的是应该保留的特征，新出现的内容代表着需要开展的变革。

● 在变革战略中，最好写出一个简短的使命宣言，提出组织愿景和价值观。这些将为所有员工和利益相关方明确展现组织的长期状态和特征。

● 不要指望使命宣言会自动生效。它需要在各个级别的小组会议中进行沟通和讨论。不能只停留在言语上，还要身体力行地践行愿景和价值观，并期待同事们也会这样做。

● 在任何企业文化中，促进或阻碍变革的信念和态度是至关重要的。变革的加速发展要求更迅速的反应，主动应对的组织永远比被动回应的组织更有竞争优势。

● 所有公司的变革离不开一项必要条件：你必须将管理者转变为各个业务和团队层面的负责人。领导需要以身作则，而不能纸上谈兵，只有这样才能释放出组织中隐藏的潜力。

08 变革组织文化

你不要像有些坏牧师一样,给我指引一条险峻的荆棘之路,自己却在花街柳巷流连忘返,忘记了自己的箴言。

——威廉·莎士比亚

09

抽出时间关注个人

> 普通人才需要深刻的激励、创造性和伟大的希望,天才不需要这些。
> ——约翰·柯里尔(John Collier,英国作家、编剧)

无论战略领导者承担多少责任,他一天也只有24小时,与其他所有人一样。所有忙碌的人都会想"如果我有更多时间就好了",但是在这个时代,有谁不忙呢?但我们从来没拥有过更多时间。我们一天的时间始终都只有这么多。17世纪的法国作家拉布吕耶尔(Jean de la Bruyère)说:"最喜欢抱怨时间不够用的往往是最浪费时间的人。"

时间是最稀缺的资源。它是不可替代或逆转的。对于战略领导者而言,没有什么比学会如何节省时间和如何明智地利用时间更重要的事情了。组织中战略领导力的"时间账单"非常惊人。另外,成为战略领导者后,你就走出了控制室。你的大部分时间都将花费在组织外部,包括去

09 抽出时间关注个人

外地见大客户,与主要伙伴建立关系,或者商讨并购事宜。你还要了解所处领域的最近趋势,或者打造自己作为战略领导者的形象。许多人走上战略领导的位置后会感到畏缩。正如瑞典外交官、联合国前秘书长达格·哈马舍尔德(Dag Hammarskjöld)所说:"随着时间的流逝,声誉会提高,能力会下降。"

面对紧迫的时间,我们必须培养战略领导者的一项核心或普遍职能,即妥善地将组织与整个社会衔接起来。这是一个双向的过程:社会向组织提出新的要求、期望和价值观,组织对社会产生潜在的正面或负面影响。

除了这些与工作相关的要求,现代企业领导者比前几代人有更强烈的陪伴家人的愿望和需求。他们确实承担组织义务,但这不应该影响到家庭生活。然而,这种平衡确实减少了投入到工作中的一部分时间。

那些任由自己被大量占用时间的工作所拖垮的战略领导者很快会退回到管理者的位置。紧迫的工作挤占了重要工作的时间,短期目标取代了长期目标,战略思维也不复存在。到了第一百天结束时,曾经闪耀的愿景和价值观仅仅成了纸上文字,被放到以后"有更多的时间"时考虑。你忙到没有时间(真正的时间)与个人——甚至是关键的业务负责人进行沟通。

如何避免这种普遍的现象?你可以从等式的供给侧或需

求侧开始思考。供给侧的关键问题是：如何尽可能多地释放可自由支配（即按照自己的想法随意安排）的时间？需求侧的问题与以下几个方面有关：

完成任务：进行战略思考、制定战略规划和确保战略执行——将它落到实处。

建立团队：不仅仅是顶层团队，还有各个部门的团队——平衡整体与部分的关系，它们是组织的硬币两面。

培养个人：帮助个人成长，确保他们作出最大贡献。

我在前文中全面地介绍了三环模型中的任务和团队两方面职责，因此在本章，我将重点关注个人职责——你作为领导者的职责。你要解决如何为所有关键职责和个人分配时间的问题——管理者往往认为它的优先级是最低的。在这里，我们需要思考供给侧的问题：如何高效地管理自己的时间。

■ 时间管理的十大原则

我在本系列丛书的另一本——《高效时间管理：巧妙且明智地利用时间》（*Effective Time Management: How to Save Time and Spend It Wisely*）中提出了时间管理的十大关键原则。在每个小标题下，我探讨了相关原则的实施方法。

09 抽出时间关注个人

本书与《高效时间管理：巧妙且明智地利用时间》的方向不同，但我将借鉴后者的框架，提醒你作为高管如何战略性地充分利用自己的时间。我相信你早已掌握了技巧。

培养时间观念

> 可是在我背后我总听见，
> 带翼的时间马车在急急追赶。

就像安德鲁·马维尔（Andrew Marvell）在《致羞怯的情人》（*To His Coy Mistress*）中所写的那样，你应该提醒你的"情人"（组织），你作为战略领导者的时间是有限的，因此你不能浪费自己的时间或让其他人有意或无意地浪费你的时间。但这并不意味着你应该过分吝啬，不舍得浪费每一分钟。你的目标是能够在自由、慷慨、自愿的基础上利用时间。你听说过"物有所值"吧——那就争取时间价值吧。

制定长期目标

确定战略思维的目标，通过简单的愿景体现出来，制定四到五个开放的目标和形成一套阐释性的价值观——符合你在自己的任期内想打造的组织理念，这些都是相当重要的指导原则，可以帮助你合理地安排时间。

高效战略领导：*EFFECTIVE STRATEGIC LEADERSHIP*
让你的战略变为现实

制定中期规划

对于组织来说，这属于战略规划的领域：制定长期和短期目标——具体、有时间限制、切合实际、可扩展和令人兴奋的目标。

对于个人来说，你可以根据总体战略制定五到六个长期或短期目标，与业务负责人承诺实现的目标区分开来。这些计划在三到五年内实现的目标可能在前一百天内就很清楚了。例如，个人目标可能是从组织内部或外部确定合适的继任人来接棒。

安排好今天的时间

出色的私人助理（以及大型组织中的支持人员）对于任何战略领导者都很重要。有了他们，领导者可以更轻松地制定日记管理系统。与私人助理提前规划下个星期的工作，对各个层级的时间管理都是有效的。

与任何规划一样，灵活性必不可少。如果你要开展变革，请记住，你本人或你的助理必须向相关人员解释这样做的原因，当然还要作出必要的安排。

充分利用时间

将黄金时间（通常在清晨）留出来用于思考。这并不是说你必须独自一人思考。独处与思考是相互关联的，但是你

09 抽出时间关注个人

在旅行途中、午餐等零散时间或者周末在家浇花或开车出去闲逛的时候也有大量独处的时间。战略领导者的思考时间需要其他人参与，无论是团队还是个人。但重要的是，需要发挥创造力、智慧或想象力的思考活动不要留到结束一天的工作后，或者去机场的路上。

安排好办公室工作

你需要一位行政人员来处理工作事务，还有一个可以安静地独自工作、并与小团队（最好是圆桌会议）或个人（在茶几旁摆放舒适的椅子）开会的房间。当被问到为什么很少坐在办公桌前时，丰田公司的总裁回答："我们不在办公室里造车。"

《高效时间管理：巧妙且明智地利用时间》一书中介绍了处理必要的文书和电子邮件（由你的私人助理筛选并简单分类过）的方法。关键是要能够从复杂的文件内容中整理出简单的问题，将要点找出来。

一般来说，如果文件需要你作出决定，那么你必须了解相关问题、特征或信息，提交这份文件的个人或委员会应同时提出建议。让他们提出解决方案，而不仅仅是问题。

管理会议

会议应该按时开始和按时结束。你要继续磨练自己作为会议领导者的技能，因为你将主持很多会议。如果你行事干练、井然有序，同时有礼貌和风度，会议就会进展顺利，其他人也会期待继续参加你的会议。没有任何规则提出会议不应该令人愉快，但是充满欢声笑语的会议通常不会有任何效果。

你在会议上的主要关注点应该是每个人的思维质量。收集和筛选集体智慧的过程会产生判断力。只有基于合理判断的决定才是好的决定。因此，初步思考必须尽量严格。

有效分派工作

这是战略领导者管理时间的黄金法则。分派工作的主要对象是参与该任务的管理人员。第4章中提到，"战略"（包括总指挥官或同等地位领导的全部能力）涵盖日常经营组织的全部职责。由于很多人都喜欢做这种工作，并且比你做得更好，为什么不让他们做呢？将你自己解放出来，认真履行你的职责。

然而，委派工作永远不应成为懒政的借口，这是精神上懈怠的高管的一大缺陷。你应该对高效管理充满热情，并真正重视那些管理效率比较高的人，就像亚伯拉罕·林肯对斯坦顿的尊重一样。

有些战略领导者犯的错误是仅仅分派他们自己不想做的工作！如果你将分派工作看作是培养同事，而不仅仅是减少

09 抽出时间关注个人

自己工作量的一种途径,你就要向他们提供一些艰巨而富有挑战性的任务。

将已经占用的时间利用起来

恺撒骑马奔赴战场时,身边陪伴着五位随行人员(相当于一部手机)。旅行时间对于战略领导者特别有意义,因为它提供了思考时间。但是如今,手机这种实用的工具会给旅行时间带来干扰,除非你愿意将它关掉。

等待的时间(例如有人开会迟到时)会给你一些时间来阅读信件。在忙碌的一天中,你确实能挤出一些短暂的时间——这里五分钟,那里十分钟,这些都可以利用起来。利用好每一分钟,一小时的效率就会提高。

保持身体健康

身处当今瞬息万变的世界中,进行战略领导是一项艰巨的职责,你需要保持身心健康。精力、活力和韧劲只能通过充足的睡眠、节制的饮食和合理的锻炼来维持。

你如何保持精神健康?思考组织外部的各个领域中相关或无关的事务,以此来锻炼大脑。最简单、最省时的方法是读书。不是为了获得信息(互联网可以做到),而是因为读书可以启发你进行思考和反思,保持长远的眼光。

高效战略领导：*EFFECTIVE STRATEGIC LEADERSHIP*
让你的战略变为现实

■ 案例：布里安·赫洛克斯（Brian Horrocks）中将

1942年8月31日，布里安·赫洛克斯中将在蒙哥马利的手下指挥第十三装甲师，这是隆美尔最后一次尝试攻下埃及。赫洛克斯的军队承受了巨大的火力，并在三天内挫败了敌人的进攻。他在回忆录《充实的一生》（*A Full Life*）中讲述了这个过程。

在（阿拉姆哈勒法）战斗后的第二天，我心满意足地坐在总部。战斗胜利了，我也没有受伤。还有什么比这更好的结果呢？这时第八集团军总部的一位联络官送来一封蒙蒂的手信。其中写道：

亲爱的赫洛克斯：

做得好——但是你要记住，你现在是军长，而不是师长……

他继续列举出我做错的四五件事，主要是因为我过多地干涉了下级指挥官的任务。我的惬意顿时消失得无影无踪。也许我不是一个天选之才，但是我越反思这场战斗，越发现蒙蒂是对的，所以我给他打电话说："非

09 抽出时间关注个人

常感谢。"

我之所以这样说,是因为蒙哥马利是为数不多的愿意培训手下的一位指挥官。除了他以外,还有谁会在第一次取得重大胜利后的第二天,在改变了整个中东战局后,会费心给手下的一位指挥官亲自写信呢?

在阿拉曼战役之后不久,在突尼斯准备发动最后进攻时,赫洛克斯在冲锋时身受重伤,在医院躺了一年。诺曼底登陆之后不久,他开始指挥诺曼底海滩上的三十个军团,再次成了蒙哥马利的手下,并将他在前面战争中学到的知识付诸实践。

■ 领导者中的领导者

我们可以看到,蒙哥马利相当于对一名现任高层业务官员提供了有关战略领导力的"在职"培训。虽然在两场战斗之间只有短短几天时间,但蒙哥马利不仅挤出了时间(时间管理),而且直接有效地提出了意见。赫洛克斯对蒙哥马利表现出极大的敬意——"他显然精于战争之道",而且他很谦卑,发现自己在给下级指挥官提供方向和给予自由方面还有很多要学习的内容。

高效战略领导： *EFFECTIVE STRATEGIC LEADERSHIP*
让你的战略变为现实

第二次世界大战为我们提供了另一个强有力的例证——一位责任重大的战略领导者仍然能抽出时间一对一地实地讲授领导力。接替韦维尔成为中东战区总司令的奥金莱克是个与众不同、低调内敛的人。在1941年11月29日的一条标示"私人秘密信件"的备忘录中，丘吉尔派奥金莱克亲赴战场。"凭借你的动力和对局势的全面了解，你将在第一次露面时为部队注入新的活力，并激发所有人作出最大的努力……"从历史上看，这条备忘录非常有效。正是由于奥金莱克访问前线，使得英国军队在针对隆美尔的进攻即将投降时恢复了士气，将隆美尔的军队逼停在托布鲁克以南。

然而，奥金莱克没有掌握提前慰问军队的要领。随着沙漠战争陷入低迷态势，丘吉尔立即与他会面并评估局势。他感受到军队的士气很低落，于是再次督促奥金莱克让将士们熟悉自己。这位将军说，以他的经验，熟悉感只会让人产生轻蔑。"以我的经验，"丘吉尔说，"如果没有熟悉感，什么都无法产生。"奥金莱克被亚历山大取代，而蒙哥马利接管了第八集团军："每个人都感觉到，第八集团军这支疲惫不堪的队伍又增添了新的动力。"

选拔、支持、鼓励和培养关键业务负责人，给他们最大的自由，使他们以自己的方式和个人风格实现目标——这是对于战略领导者的核心要求。正如亚历山大大帝所说，你是"领导者中的领导者"。

09 抽出时间关注个人

归根结底,你要抽出时间与个人交流。对话和交流的核心是达成一致的目标。在这个层面(在所有领导力层面),沟通是双向的。你当然可以在六个月以后通过正式面谈来讨论目标和开展绩效评估,填写表格等。让管理人员去做这些事吧。你应该建立紧密而持续的联系,但不能互相干扰。"进度审查"是与业务负责人单独谈话的主要内容,但你们还可以谈论更多话题,例如企业和整个领域中不断变化的环境。

"好的牧羊人了解自己的羊。"通过当面沟通,顶层团队的成员也可以清楚地了解你的想法,就像纳尔逊手下的舰长们知道纳尔逊面对任何局势会采取怎样的战术一样。同样,你对每个人的了解越来越深,你就会越清楚每个人的独特之处——他们擅长什么,以及会采用什么方法。

正如拿破仑所说,由于每个人的素质各异,"战争与文职工作一样,每个从业者都有自己的风格"。例如,他认识自己手下的每一位将军,知道马塞纳(Massena)在激烈的进攻中表现出色,而儒尔当(Jourdan)更擅于防御;雷尼埃(Reynier)是位测绘工程师,他总能提出合理的建议,但他不善交际、为人冷漠、沉默寡言;兰尼斯(Lannes)睿智、审慎而大胆,没受过教育,但具有极大的天赋,遇事沉着冷静;莫罗(Moreau)在大型战争中没有用武之地,但擅长前线作战;还有很多……拿破仑非常了解他手下的元帅和将军。他认为这些人的职责是无法互换的,每个人都有自己的专长。但是他补充道:能力全面的将军(擅长应付各种情况)"并不常见"。

因此,你与团队中每个人的关系都不同,因为每个人都会唤起你的个性中的一个方面,其他人可能做不到。但是你要像长辈一样确保这些关系的专业性,不要以朋友相称。友谊表明你喜欢某些人多过其他人,暗示你不太喜欢其他人。人们都有观察能力,很快就会发现你的个人偏好。哪些人更受青睐,哪些人得不到你的喜欢,不要让人觉得某些业务负责人是你的朋友,而其他人不是。这种观念将造成团队分裂,你的职责在于建立团队成员之间的关系,而不仅仅是与他们单独培养私人关系,就像轮毂上的辐条一样。更糟糕的是,这些沉迷于"分而治之"策略的高管完全违背了战略领导力的精神和实践。

每个人都很重要

蒙哥马利元帅是一位知道如何花时间思考的战略领导者。"当一切都令人困惑时,"非常了解蒙哥马利的布里安·赫洛克斯中将说,"他有极大的天赋,能够将复杂化为简单。他擅于思考,比我遇到的任何人都厉害,因此从未被整片森林所迷惑。"

09 抽出时间关注个人

蒙哥马利曾告诉我,他的第二个首要任务是让第八集团军的士兵成为"与我并肩作战的伙伴"——不仅仅是总部人员或各编队指挥官,还包括每一个士兵。每个人都需要知道上级命令的战略意义,以及他们在接下来要开展的行动中发挥的作用。蒙哥马利通过严格分派任务挤出一些时间,通过口头和书面的方式亲自向人们传达这个简单的信息,确保指挥官能准确地将战略和战术继续传达下去。赫洛克斯在谈到蒙哥马利将第八集团军紧密团结在总司令周围的重要才能时说:"他事无巨细地向第八集团军中的每个人解释自己的要求。"

> **一切都归结到个人**
>
> "他们说他是一位熟练的指挥官。"皮埃尔(Pierre)重新说道。
>
> 安德鲁(Andrew)亲王讽刺地回答:"我不明白什么是'熟练的指挥官'。"
>
> "熟练的指挥官?"皮埃尔说,"这有什么不明白的,就是能预见所有突发事件……并能预测到敌方意图的人。"
>
> "但这是不可能的。"安德鲁说,好像这是早已确定的答案。

高效战略领导：EFFECTIVE STRATEGIC LEADERSHIP
让你的战略变为现实

> "人们不是都说战争就像下棋吗？"皮埃尔惊讶地看着他。
>
> "是的，"安德鲁亲王回答说，"但有一点区别。在国际象棋中，你可以根据自己的意愿思考每一个动作，而且不受时间的限制；另外，骑士总是比卒子强，两个卒子也比一个强。而在战争中，一个营有时比一个连还要弱很多。任何人都无法知道部队的相对实力。""相信我，"他继续说道，"如果事情依赖于人员的安排，我一定会在那里作出安排，但我有幸与这些先生们一起在这个团里服役，而我认为明天的战斗将取决于我们，而不取决于其他人……成功从未，也永远不会依赖于位置、设备甚至数字，其中最不重要的就是位置。"
>
> "那依赖什么？"
>
> "依赖于我和他，"他指了指提蒂莫辛（Timokhin），"还有每一位士兵……"
>
> ——列夫·托尔斯泰《战争与和平》（Leo Tolstoy, *War and Peace*）

在阿拉曼成功"突围"之后，赫洛克斯看到了军队对指挥官的爱戴——在音乐会表演前后，所有人都起立鼓掌。

第八集团军明确展现出了战斗取得胜利的最大原因——整个军队中毫不保留的信任、信心和情感。这种

09 抽出时间关注个人

类似于幸福家庭的氛围在小型队伍中很常见，但在整个军队中却比较少见。据我所知，我军在上一次战争中只有两支军队展现出了强大的团结精神——蒙哥马利的第八集团军和斯利姆的第十四军。值得注意的是，两人都是在形势不好、士气低落的时候接管指挥权的。

这种战略领导力——一种能触及每个人的领导力，在像军队这样的庞大编队中都很难见到，那么它在和平时期如此罕见就不足为奇了。规模往往是不太优秀的战略领导者给出的理由。你怎么能用蒙哥马利的方式与庞大机构中的每个人交流，比如有将近一百万名雇员的英国国家医疗服务机构？然而斯利姆的第十四军也有超过一百万人。如果斯利姆能做到，你为什么不能呢？

关怀每一个人

作为个体，我们会回应那些关心我们、满足我们个人需求的人。不要期待组织中的任何人能全力以赴，除非各级领导者以最实际的方式表明每个人都很重要。

当然，在一个像军队一样庞大的组织里，战略领导者似乎很难亲自关怀每一个人，尽管人们都不确定；而当它发生时，效果会非常惊人。

> 视卒如婴儿，故可与之赴深溪；视卒如爱子，故可与之俱死。厚而不能使，爱而不能令，乱而不能治，譬若骄子，不可用也。
>
> ——《孙子兵法》
>
> 起之为将，与士卒最下者同衣食。卧不设席，行不骑乘，亲裹赢粮，与士卒分劳苦。卒有病疽者，起为吮之。卒母闻而哭之。人曰："子卒也，而将军自吮其疽，何哭为？"母曰："非然也。往年吴公吮其父，其父战不旋踵，遂死于敌。吴公今又吮其子，妾不知其死所矣，是以哭之。"
>
> ——《史记》

尽管关心个人是业务和团队领导者的职责，但战略领导者仍然需要满足个人需求，这也是对各级领导者的战略要求。战略领导者应该保持警觉性和观察力，严格对待不符合这一基本要求的人。下面我用两个案例来说明战略领导者是如何做到这一点的。

09 抽出时间关注个人

■ 惠灵顿

惠灵顿似乎从不与人亲近,但他表现出了对部下的真正关心。

在伊比利亚作战期间,一位客人在某天晚餐期间提到,他刚经过一个地方,看到有许多伤病员躺在那里,没有地方避寒。

晚餐过后,惠灵顿马上命人来牵他的马。他和随从骑马三十英里,午夜到达客人说的地方,发现军官们舒服地待在温暖的室内,伤病员则躺在外面并暴露在寒冷且恶劣的环境中。他下令将伤病员安置起来,让军官睡在外面。黎明前他回到了总部。

第二天晚上,惠灵顿告诉手下,他怀疑那些暴戾的军官在他走后会违背他的命令。于是,他又连夜骑马三十英里赶到那里,结果发现伤病员真的还待在外面,军官们却睡在营房里温暖的床上。他将那些不服从命令的军官逮捕了起来并革了职。

高效战略领导：*EFFECTIVE STRATEGIC LEADERSHIP*
让你的战略变为现实

■ 斯利姆

斯利姆将对他人的无私关怀（他期待手下军官具备的素质）与最重要的领导美德——正直联系在一起。它包括"对所有人诚实"和"不以自己为先"。正直意味着先为手下的人着想。奇怪的是，从长远来看，战争和商业领域最能说明问题的是道德因素。真正考验领导者能力的不是人们是否在你成功的时候追随你，而是他们是否会在你面临失败和艰难的处境时支持你。他们只有相信你为人坦诚并愿意关照他们时才会这样做。

"曾经有段时间，我手下的一个营在战斗中表现不佳。我去了解情况，发现他们在丛林中又累又饿，脏兮兮的，看起来很紧张，其中一些人受伤了，痛苦地坐在那里，什么都做不了。环顾四周，我看不到一名军官。我绕过灌木丛，突然意识到了失败的原因。军官们围坐在一棵树下吃饭，却让手下的士兵饿肚子。他们忘记了军队的传统，即优先满足士兵的需求。我不得不提醒他们这一点。我希望他们再也不会忘记领导力中必不可少的正直与无私。我再也没听说有谁违背过这一点。"

原则很简单，有付出必有所得。对个人表现出关心和牵挂，个人将以努力工作的方式给予百倍的回报。

然而，建立一个有人文关怀的组织，有赖于领导者认真

09 抽出时间关注个人

体会和践行三环模型。事实上,英国军队和其他军队一样,长期以来一直将指挥官作为领导者。很明显,甚至在纳尔逊和惠灵顿时代之前,军官就被看作是最重要的场合——战场上的领导者。最重要的不是强迫每个人参战,而是让他们自愿付出。

在前线进行领导显然是一项任务。就像冰山在水面以下的部分一样,团队和个人两个环都被淹没在水下,不容易看见。然而,上面的案例表明,高效的军事战略领导者不仅是团队建设者,而且总能表现出对个人的直接和间接(通过指挥系统)关注。

"个人"一环不仅包括对食物和住所的物质需求,还包括无形的需求,即感受到自己是一项伟大而有价值的事业中的重要一分子。这与仅仅是一台没有人情味的机器中的一个齿轮的意义截然相反,后者只是一个部件,它一旦磨损,就会被扔进废品堆。当然,作为个人——对于家人和朋友来说——你和我都是不可替代的。但在组织环境中,我们是可替换的部分,是公司实现目标的手段。我们中没有一个人是不可或缺的,如果我们不这么想的话,就缺乏基本的谦卑品质;但我们不仅仅是实现目标的手段。当我们感受到自己是平等的伙伴,有自己内在的价值和尊严时,我们的工作效率才会更高。这种价值和尊严不会在组织中消失,而且当我们离开组织时,可以将它们一起带走。

对于年轻的读者来说,第二次世界大战已经过去很久了；但就历史而言，几十年只是一瞬间。计算机、核能和喷气发动机只是那场战争中改变我们生活的三大技术革新。一场更加缓慢的变革——将管理变为商业领导力——才刚刚蓄势待发。但是，我们还没有解决将全球管理者转变为能够完成任务、组建团队并为个人腾出时间的领导者这一重大挑战。斯利姆对领导和管理之间的本质区别有着清晰的认识，这一点从他1957年在澳大利亚发表的演讲中就能体现出来，这场演讲已成为经典。

斯利姆将军谈"管理中的领导力"

任何一个伟大的组织（无论属于军事还是民事领域）的高层遇到的问题基本上都是一样的——组织、运输、管理设备、分配资源、选拔人才、采纳专家观点以及处理人际关系等问题。虽然这些问题非常相似，但军事和民事领域的解决方法存在着某些差异。

首先，我们在军队里不说"管理"，而说"领导"，这个很重要。领导和管理之间是有区别的。领导者和跟随他的人之间有着最古老、最自然、最有效的人际关系。而管理者和他手下的人都是后来的产物，既没有那么浪漫，也没那么鼓舞人心。领导力是精神层面的东西，是人格和远见的结合，它的实践是一种艺术。管理则属于

09 抽出时间关注个人

思想层面，与精确计算、统计、方法、时间表和日常事务等内容相关，它的实践是一门科学。管理者是必要的，领导者则是必不可少的。一个好的制度将产生高效的管理者，但这还不够。我们需要的管理者应该不仅是熟练的组织者，还是富有启发性的领导者，最终注定要掌握最高的控制权和指导权。这些人的身边围绕着像他们一样的下属和极为高效、热情和忠诚的专业人员。人们越来越认识到这一点，并开始探寻领导力。

我们应该找什么？有可能在哪里找到它？找到了之后，我们要如何开发和利用它？军事经验会有帮助吗？我们来看看。

在领导力方面，战斗部队具有明显的优势：

◎ 个人领导的原则是传统和公认的。
◎ 此外，军人必须严格执行命令。
◎ 官兵们知道自己站在同一条战线上，打击共同的敌人。
◎ 在战争期间，指挥官永远不需要关注行动的经济影响。

我很理解一个商人说的话："如果我们有这些，管理起来就容易多了！"所以，为了避免你把军事管理想得太简单，我要提醒你：

◎ 只有当军官表现出比手下人更大的勇气、更丰富的知识、更高的主动性和更强烈的责任感时,个人领导力才会出现。

◎ 再说一次,军事指挥不仅仅是让士兵由于害怕惩罚而不得不服从命令。任何一位指挥官的成功更多地来自于信任而不是恐惧,来自于领导而不是强迫。

◎ 只有当军官在任何情况下都表现出正直和无私,将士兵的福祉放在第一位,士兵才会与他站在同一边。

◎ 在战争中,将军可能不会被财务问题所困扰,但他有责任在比金钱更重要的事情上进行良好的管理,比如士兵的生命。

这些才是领导者佩戴在身上的荣誉徽章,而不是名气或豪车。

在工业领域,你永远不必要求人们去做那些士兵做的事,但是你雇用的是同一批人。他们使用的不是枪炮,而是工具和机器。他们把迷彩服换成了工作服和西服,但他们是同一批人,将一如既往地接受上级的领导。

给你的管理层注入领导能力,然后他们会像在战场上一样,在车间里展示自己的战斗能力。和我一样,他们宁愿被领导,也不愿被管理。你不是吗?

09 抽出时间关注个人

■ 谁创造了变革?

战略领导者经常会被问到自己取得了哪些成果——他们在任期内带来的变革或者创造的价值。如果你离开组织时，大家的态度还比不上你初来乍到的时候，按照本书的标准你就算不上取得了成功。有一天你会很自然地回顾过去，对自己说："我在那儿的时候在这几方面创造了变革……"，或者"如果我不在，这些成就都不会有"。

事实上，别人是否认识到这一点并不重要，更不用说是否在公众面前承认了这一点。你通常是唯一了解全部情况的人。但永远伴随你的标签将是你如何创造了变革。它可能会导致其他结果，也可能不会——谁能追随命运的全部指引呢？但是你高效且有创造性地发挥了你的作用。

但我不想让你停在这里。我们要像爱自己一样去爱别人。如果创造变革对你来说这么重要，为什么不确保组织中的每一个人都有创造变革的意识呢？如果每个人都有时间去做他们认为重要的事情，你就能集中精力去实现这一点，并有时间确保其他层级的领导者也在做这样的事。

如今，"人力资源"取代了旧的军事术语——"人事"，二者都用于形容同一批人。前者更偏向于管理，因为它似乎把人与金融、机械和能源一样归为了一种经济资源。但这种用法是错误的。因为人力资源不是你用于实现战略目标的人数。资源表示一个新的供给或支持来源，可能是隐藏的。这个词本身来自拉丁语中的"resurgere"，意为"再利用"。例如，除非你在生活中遇到意外或危机，否则你可能无法发现自己的个人资源。组织也一样。"人力资源"一词实际上指的是存在于个人内部或隐藏的能量、生命力或精神储备。危机、机遇或理想通常是解锁这些资源的三把钥匙，而领导者在这一过程中只起到催化剂的作用。

本章要点：抽出时间关注个人

- 希腊哲学家提奥夫拉斯图斯（Theophrastus）说："我们最昂贵的开支是时间。"他说得太对了。对于一个战略领导者来说，组织内外的潜在时间开销是巨大的。有两点很重要：一是不要在你不该关心的事情上浪费时间；二是制定明确的优先事项和政策，以及确定具体的时间分配。

- 一定要遵守高效时间管理的十大原则。除了学会说"不"——最节省时间的方法，学会分派工作也很重要。对于一个具有超常水平的人来说，将工作委派给谁不难决定。将工作分派下去可以让你从每天的行政工作中解脱出来，不至于过分关注细节。只要某件事可以交给别人做，就不要

09 抽出时间关注个人

犹豫。

- 不要将你不感兴趣的工作分派出去。只有分派有趣和富有挑战性的工作才能培养手下人。不过，请记住，分派工作不等于放任不管。你仍然要承担责任："问题止于此。"

- 除了问责（与责任相反），你不能分派领导职责。在战略层面，这意味着你要把时间花在七项职能上。有时间思考是最重要的，你应该还记得，其中的要义是像一个领导者一样思考。

- 除了任务和团队，三环模型中的第三环——个人，也值得关注。昔日的高管并没有忽略这一点，只是没有主动地认真思考。

- 你应该与顶层团队中的每个成员建立友好但专业的一对一关系。每个关系都是独特的，不存在偏向性。规划、审核和提供信息是双向交流的主要内容。抓住机会帮助你的同事成长为战略领导者。他们中至少有一个应该是你的继任者。

- 如今，组织中的每个人都应该有所作为，这具有很大的战略意义。你要在你的组织中确保这一点。

- 每个人都需要了解组织的计划，以及自己在其中的作用，从而全身心地投入其中，并在任务完成时发现自己的付出很有价值。要实现这一点，你和你的领导要以实际方式证明每个成员对你们都很重要。

> 领导的职责不是将伟大注入给他人,而是激发出他们身上早已存在的伟大。
>
> ——约翰·巴肯(John Buchan,苏格兰作家)

结论

EFFECTIVE STRATEGIC LEADERSHIP

CONCLUSION

曾经有人问作家格雷厄姆·格林（Graham Greene），他是否认为自己是一位伟大的小说家。"算不上伟大，"他回答，"但应该是最优秀的小说家之一。"

如果这本书激发了你成为最优秀的高效战略领导者之一的愿望，我就可以停笔了。此外，如果你从中获得了一些切实可行的想法和建议，我会很开心。

除此之外，我想你可能在某个地方听到过一句关于领导力的具有启发性的话："要实现卓越而持久的领导力。"能力、职能、模式、任务清单、行动计划和前人的榜样都可以帮助你建立高效战略领导的框架。如今，"高效领导"已成为一个重要的概念，因此市面上出现了各种各样的指导性教材，其中有些是我写的。

作为战略领导者，你能在通往伟大的道路上走多远取

高效战略领导： EFFECTIVE STRATEGIC LEADERSHIP
让你的战略变为现实

决于你天生的能力、机遇和你的学习意愿。为什么终生学习如此重要？因为它可以培养你的能力。两千年前，西塞罗说过同样的话。他承认天赋的力量，但他还说过："当方法和知识与天赋加在一起时，结果通常是卓越的。"

通过培养自己的能力，你增加了必要的时候可以利用的资源储备。同时，你应对和处理问题的能力得到了提升。总而言之，你成了一个更加足智多谋的人。

有人明智地指出："领导力无法传授，只能学习。"是的，但如果你想成为"最优秀的之一"，你需要在整个职业生涯中不断学习。愿这本指南能为你开启一段漫长的旅程（甚至迈出第一步），引领你掌握战略领导力的艺术。我从未在任何作品中说过领导力容易获得。但是你会发现，对于那些有幸与你共事的人来说，它会带来最大的个人收益。

任何伟大的事业都必须有一个开始，但只有坚持到最后并彻底完成，才会带来真正的荣耀。

——弗朗西斯·德雷克（Francis Drake，英国航海家、政治家）